내가 살 집은
어디에 있을까?

떠돌이 세입자를 위한 안내서

한국여성민우회 지음

생활의 발견 3

내가 살 집은 어디에 있을까?
떠돌이 세입자를 위한 안내서

1판1쇄. 2015년 11월 9일

지은이. 한국여성민우회

펴낸이. 정민용
편집장. 안중철
책임편집. 이진실
편집. 최미정, 윤상훈, 장윤미(영업)
일러스트. 성지현

펴낸 곳. 후마니타스(주)
등록. 2002년 2월 19일 제300-2003-108호
주소. 서울시 마포구 양화로 6길 19(서교동)(121-893)

편집. 02-739-9929/9930
영업. 02-722-9960
팩스. 0505-333-9960
홈페이지. www.humanitasbook.co.kr
이메일. humanitasbooks@gmail.com
블로그. humanitasbook.tistory.com
페이스북. facebook.com/Humanitasbook
트위터. @humanitasbook

인쇄. 천일 031-955-8083
제본. 일진 031-908-1407

값 13,000원

이 도서의 국립중앙도서관 출판시도서목록(CIP)은
e-CIP홈페이지(http://www.nl.go.kr/ecip)와
국가자료공동목록시스템(http://www.nl.go.kr/kolisnet)에서
이용하실 수 있습니다.(CIP제어번호: CIP2015029207)

내가 살 집은
어디에 있을까?

한국여성민우회 지음

떠돌이 세입자를 위한 안내서

후마니타스

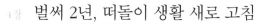

모든 국민은
거주와 이전의 자유를 가진다.

대한민국 헌법 제14조

국가는
주택개발정책 등을 통하여
모든 국민이 쾌적한 주거 생활을 할 수 있도록 노력하여야 한다.

대한민국 헌법 제35조

1

옥탑으로 갈 것인가, 반지하로 갈 것인가. 오늘도 떠돌이 세입자들은 기로에 선다. 무엇을 선택하든 최선은 없다. 이들 앞에 놓인 선택지 대부분이 '최저 주거 기준'에도 미치지 못하는 집들이기 때문이다. 2011년 국토해양부가 고시한 최저 주거 기준에 따르면, 1인 가구의 최소 주거 면적은 14제곱미터(약 4.2평). 여기에 분리된 부엌과 화장실, 적절한 방음·환기·채광·난방 시설을 갖춰야 한다. 하지만 2014년 현재 최저 주거 기준에 미달하는 공간에서 살고 있는 이들은 98만 가구, 그중에서도 고시원·쪽방·비닐하우스 등 비주택에 거주하고 있는 '주거 난민'은 13만 가구에 달한다.

이런 추세는 가족 형태의 변화와도 연관되어 있다. 떠돌이 세입자들은 누구이며 어떤 집에 살고 있을까? IMF 위기 이후 급속도로 증가하기 시작한 1인 가구 수는 2010년, 4인 가구 수를 앞질렀고, 2015년 현재 네 집 건너 한 집이 혼자 사는 시대가 됐다. 그중에서도 여성의 비율은 70%에 달한다.[1]

2011년, 한국여성민우회에 생긴 '반만 올라가면 일층'이라는 모임은 이런 추세를 반영한 것이었다. 반지하에 거주하는 여성 세입자들의 모임에 모여든 이들은 거의가 저소득층인 동시에 가족 제도 바깥에 있는 1인 가구들이었다. 여성 반지하 생활자들은 저소득층 주거 약자들이 공통적으로 겪는 문제뿐만 아니라 여성에 대한 세간의 편견, 사람들의 시선에 노출될 수밖에 없는 구조와 안전 문제 등으로 또 다른 차원의 주거 불안정을 겪고 있었다. 모임을 시작한 그해 여름, 집중 호우로 서울에서만 2만여 가구가 침수 피해를 입었고, 그 피해는 대부분 반지하 가구에서 발생했다. '반만 올라가면 일층'에서도 침수 피해를 겪었던 구성원들의 경험담과 노하우가 쏟아져 나왔다. 우리는 이런 이야기들을 서로 공유하면서 서울시 풍수해 대책에 대해 성명서를 내고 피해 사례를 모집했다. 비가 올 때마다 집이 잠기지 않을까 잠 못 이루고, 샤워를 할 때마다 창밖의 시선을 경계해야 하는 그녀들의 이야기 속에서 어디 사느냐의 문제가 경제적·물리적 차원의 문제일 뿐만 아니라, 건강권과 시민권 등 다양한 차원을 아우르는 보편적 복지 문제라는 문제의식이 생겨났다.

2014년, 민우회의 활동은 성평등 관점에서 주거 복지 대안을 찾는 활동으로 이어졌다. 민우회 성평등복지팀은 2014년 4월부터 5개월간 여성 세입자들을 인터뷰했다. 열 명의 여성 세입자가 들려준 '집 이야기' 속에는 가족의 지원 없이 독립을 결심하면서 삶이 얼마나 파란만장해졌는지, 월 소득의 절반 이상을 주거비로 써야 하는 삶이 얼마나 팍팍한지, 최저 주거 기준에도 미치지 못하는 집들에서는 어떤 희한한 세계가 펼쳐지는지, 전 재산이나 다름없는 보증금을 쥔 집주인 앞에서 세입자가 자기 목소리를 내는 것이 얼마나 힘든 일인지에 대한 갖가지 사연들이 쏟아졌다. 하지만 자기 월급의 절반을 집주인과 은행에 갖다 바치고, 벌레와 곰팡이를 벗 삼아 더위와 추위에 찌든 삶을 살지라도 모두가 '독립'이라는 스스로의 선택을 후회하지는 않고 있었다. 이들은 정상 가족으로 돌아갈 생각이 없었다. 그 목소리들을 마주하며 그동안의 주거권에 대한 이야기가 이성애 정상 가족 중심의, 집을 상품으로 보는 부동산 담론에만 갇혀 있었다는 것을 새삼 깨닫게 되었다. 우리는 어떤 계기에서든지 베이비부머 세대와 달리 주거를 소유가 아닌 '거주'의 개념으로 바라보기 시작한 이들을 목격했고, 주거 복지는 단지 저출산과 고령 사회의 문제뿐만 아니라, 변화해 가는 가족관, 삶의 가치관의 문제와 연결되어 있었다.

같은 시기, 민우회는 세입자 주거권 액션단 '하우스 앤 피스'(HOUSE & PEACE)를 꾸려 주거 문제에 관심 있는 시민들을 모았다. 집이 평화로울 때 삶도 평화로울 수 있다는 뜻의 '하우스 앤 피스'에 모인 시민들은 서로의 경험을 나누면서 집 문제가 나 혼자만의 문제가 아니라는 공감대를 형성했다. 또 세입자의 애환은 단순히 돈 문제에 국한되지 않는 다양한 결을 갖고 있음을 재확인했다. 이런 세입자들의 실제 경험담을 토대로 집을 구할 때 요긴하게 쓸 수 있는 단계별 체크리스트를 만들고, 1인 가구에게 어떤 복지 제도가 필요한지도 알아보았다. 집들이 대체 왜 이 모양인지 건축 전문가를 찾아가 인터뷰도 하고, 집이라면 이 정도 조건은 갖춰야 하는 거 아니냐며 세입자들의 적정 주거 선언문도 함께 썼다.

이 책은 그동안 고립되어 있던 이런 세입자들의 이야기가 만나 만들어졌다. 지금도 집 걱정에 밤잠을 설치고, 어렵게 구한 집이 왜 이 모양인지 한탄하고 있는 전국의 세입자들이 억울하게 쫓겨나거나 보증금을 빼앗기거나 떠돌이로 방황하지 않고 정주하도록 하는 데 조금이라도 보탬이 되었으면 좋겠다. 또 이 책을 통해 더 다양한 세입자들의 이야기가 터져 나오고 그것이 모여 더 큰 외침이 되기를 바란다.

2

세입자는 삶의 안정감 같은 걸 경험할 수가 없다.
마치 비정규직 같은 느낌.

2014년 11월 민우회에서 개최한 '세입자 말하기 대회: 내가 사는 그 집' 행사장에서 나온 한 인터뷰의 말을 잊을 수가 없다. 비정규직이 겪는 삶의 불안이 단지 비연속적인 고용 기간 때문만은 아닐 것이다. 언제 밥줄이 끊길지 모르는 비정규직과 그 밥줄을 쥐고 있는 사용자의 관계는 노동조건의 악화를 비롯한 갖가지 불평등과 불안을 낳는다. 지금 떠돌이 세입자들의 처지도 마찬가지다. 문제는 단지 2년마다 집을 옮겨야 하는 것뿐만이 아니다. 내 임금 낮은 줄 모르고 치솟는 전월세가 때문에 집이 고장 나도,

관리비를 부당하게 거둬 가도, 사생활을 침해해도 신소리 한 번 못하는 것이 지금의 세입자들이다.

2015년 6월, 주거기본법이 국회를 통과해 올해 말부터 시행될 예정이다. 비록 전세가 폭등과 급격한 전월세 전환의 난국 속에서 서민주거복지 특위가 가시적 성과를 보여 주기 위해 내놓은 졸속 법안이기는 하지만 이로써 우리는 법적으로 '주거권'을 주장할 수 있게 되었다. 하지만 여전히 갈 길은 멀다. 법률 체계도 엉망이고, 개별법과의 관계도 정립돼 있지 않다. 또 다수의 조문이 선언에 불과하거나 추상적이고, 국민의 권리와 국가의 책임이 불명확하며, 세입자 보호 대책 역시 빠져 있다. 표준 임대료 제도, 전월세 상한제, 계약 갱신청구권 도입 같은 주택임대차보호법 개정, 공공 임대주택의 확대를 요구하는 목소리가 터져 나오고 있지만 여전히 정부의 부동산 정책에 떠돌이 세입자들의 목소리는 없다.

이 책에는 이런 부동산 정책의 변화를 갈망하는 목소리가 담겨 있다. 2년이 지나도 집주인 맘대로 집세를 올리는 일이 없도록 해줄 기관, 소송을 하기 어려운 세입자들을 위한 분쟁 조정 위원회, 세입자의 보증금을 좀더 안전하게 보호해 줄 제도, 그리고 공공 임대주택에 대한 요구가 바로 그것이다. 이 책을 계기로 이런 제도적 변화에 대한 사회적 고민도 더 깊어졌으면 좋겠다.

책을 감수하는 데에는 전국세입자협회와 두꺼비 하우징이 함께해 주었다. 이 분들 덕분에 잘못된 정보를 바로잡고 책의 목적에 어울리게 모양새를 다듬어 나갈 수 있었다. 무엇보다 속 깊은 이야기를 기꺼이 공유해 주신 인터뷰이들, 매 모임마다 세입자살이에 대한 푸념과 공감, 분노와 노하우를 함께 나누었던 하우스 앤 피스 액션단에게 깊은 감사를 드린다. 마지막으로 이 책의 제작을 후원해 준 강민주, 김송이, 꼬깜, 눈사람, 늘보, Rruby, 백미록, 사랑초, 양선희, 용가리, SH0710, 파인, 햇살 님께 감사드린다.

1장

나는 누구이고,
여기는 어디인가?

우리의 집 이야기는 독립을 결심하게 되는 시기로 거슬러 올라간다. "부모가 자식을 자기 소유물처럼 생각하는 게 싫었고" "성인이라면 집에서 나와 살 수 있어야 한다고 생각"했던 새미, "혼자 있는 공간에 대한 욕망"이 컸던 신치, 가정 폭력을 피해 쉼터에 갔다 독립을 하게 된 해미, 부모가 바라는 대로 공무원으로 살지 못하겠어서 집을 나오게 된 아름. 우리가 겪은 집의 역사는 곧 우리의 '독립사'이기도 하다. 하지만 굳은 결심만으로 독립이 가능한 것은 아니다. 한국 사회는 사회 초년생에게 호락호락 '자기만의 방'을 허락하지 않는다. 연애, 결혼, 출산은 물론이고 안정된 직장과 내 집까지 포기해야 하는 5포 세대 청춘들이 살 수 있는 공간은 극히 제한적이다.

보증금 마련하려고 진짜 열심히 적금 부어서 500만 원을 모았어요. 대부분 아르바이트로 번 돈이었어요. 한 달 벌어서 한 달 먹고살았죠. 지금이라고 해서 별반 다르진 않지만 그때는 정말 10만 원 겨우 저축하는 그런 상황이었어요. '조금 더 나은 집으로 가자'는 그 생각 하나만으로 돈을 모았어요. 계속 제대로 된 직장을 찾지 못하다가 겨우 찾은 직장에서 받는 임금도 집을 구하기에는 터무니없었죠. 하윤, 만 29세, 독립 10년차, 보증금 0/월세 35만 원

대학가 주변에서 보증금 없이 월세 35만 원짜리 집에 살고 있는 하윤의 월 소득은 110만 원. 소득의 4분의 1에 해당하는 돈을 월세로 내고 있는 셈이다. 그나마도 백화점, 빵집, 커피숍 등의 아르바이트 자리를 전전하다 사무직에 취직하면서 받게 된 돈이다. 개조한 원룸텔에서 살고 있는 그녀는 사는 공간이 임시적이다 보니 자신의 삶 역시 임시적인 것 같다고 말한다. 이는 단지 20, 30대 청년층의 저임금과 불안정 노동의 문제만은 아니다. 어떤 젊은이가 어떤 집에 사는지는 그 개인의 소득 수준뿐만 아니라 그 가족의 계급을 드러낸다.[2] 주거 공간을 선택하는 데 부모의 지원 여부가 결정적이기 때문이다. 대학 진학과 동시에 자연스럽게 부모로부터 독립하게 된 규원은, 부모의 지원 없이 장학금과 아르바이트로 주거비를 마련했다. 하지만 이런 자신이 자랑스러우면서도 한편으로는 부모에게 경제적 지원을 받으며 사는 친구를 보면 부럽기도 하다.

제 친구는 혼자 월세 50만 원짜리 집을 구하더라고요. 알고 보니 부모님한테 생활비를 다 받고 있더라고요. 독립했으면 내 힘으로 살아야지 그렇게 생각했는데, 묘한 감정이 들었어요. 제가 아르바이트 해서 번 돈은 고스란히 집세로 날리는데, 그 친구는 월세 50만 원을 내도 넉넉해 보였어요. 아, 이게 바로 계급 차이인가 싶었죠. (웃음) 처음엔 원망도 했어요. 엄마가 1천만 원만 구해 줄 수 있다면, 아니 다달이 용돈이라도 좀 보내 준다면 이런 집에서 살 일은 없을 텐데 …… 하는 생각도 들고요. 결국은 내 인생인데 말이에요. 규원, 26세, 독립 8년차, 보증금 500/월세 30만 원

대학생인 규원은 아르바이트로 번 돈에서 주거비를 제하고 나면 쓸 수 있는 돈이 거의 없었다. 우선은 소득 자체가 너무 적었고, 그에 비해 터무니없이 비싼 월세를 지불하고 나면 다른 건 엄두도 낼 수 없었다.

독립하고 혼자 모든 걸 책임지기 시작하면서 삶의 질 자체가 달라졌어요. 돈이 너무 없으니까 먹고 자는 거 말고는 할 수 있는 게 없어요. 좀 사람같이 '생각'을 하면서 살고 싶은데 그런 게 안 돼요. 주거비를 줄이면 훨씬 더 '인간답게' 살 수 있지 않을까 싶어요.

정말 서러웠던 게 뭔지 아세요? 나름대로 죽어라 번 돈인데, 집 구할 때 보니 아무도 취급을 안 해주는 그런 돈인 거예요. 부동산 가서 500에 25짜리 방 있냐고 하면 '아가씨, 그런 방이 어딨냐, 나가라' 그러는 거죠. 어린 여자애가 왔다고 무시하는 건지, 돈이 적다고 무시하는 건지 …… 여하튼 조르고 졸라 보러 가면 말도 안 되는 방이더라고요. 화장실과 샤워실 모두 밖에 있는 집도 있었어요. 아, 5백을 모았는데도 내가 갈 곳이 없구나, 했죠. _규원_

고시원에 사는 학생이 월세로 내는 돈은 1평당 15만 원. 반면, 강남권 최고급 오피스의 월세는 1평당 11만 원. 최저 주거 기준에도 못 미치는 비주택에 거주하는 저소득층의 월세가 고급 빌딩의 월세보다 비싼 이곳. 여기가 바로 대한민국이다.[3]

세입자 손자병법
_사전 준비 편

네 자신을 알라

커튼 사이로 아침 햇살이 쏟아지는 아늑한 방. 나는 그 한 켠에 위치한 침대에서 눈을 비비며 일어나 커튼을 젖힌다. 바깥으로는 절경은 아니지만 탁 트인 동네 전경이 펼쳐지고 맑은 공기가 방안으로 밀려들어 나는 마지막 남은 잠기운을 몰아낸다.

제법한 집이 있는 누군가에겐 평범하다 못해 의식조차 할 수 없는 일상이겠지만, 서울에서 5천만 원도 안 되는 돈을 가지고 집을 보러 다니면서 이런 방을 상상한다면 그 사람은 물정 모르는 부동산 초보다. 이 사회는 떠돌이 세입자에게 쉽게 이런 집을 허락하지 않는다. 열 평도 안 되는 직육면체 원룸에 유리창은 환기와 채광의 기능을 해주면 그나마 다행이고 전망이라곤 옆 건물 시멘트 벽돌뿐인 집들이 대부분이다. 집을 구하기로 마음먹었다면, 내가 살 집이 어때야 한다는 환상은 버리고, 우선 내게 주어진 조건을 직시하자.

내 주머니는 얼마나 두둑한가?

떠돌이 세입자들이 자기 취향을 생각하며 집을 고를 수 있다고 생각하는
건 망상이다. 집을 구할 때 제일 먼저 자각해야 하는 것은 자신의 위시리
스트가 아니라 주머니 사정이다. 자신이 가진 자금 가운데 적금, 예금, 현
금을 합쳐 최소 2년 동안 묻어 둘 수 있는 돈을 계산해 내가 지불할 수 있
는 보증금과 월세가 어느 정도인지 확인해 보자.

이때 주의할 점은 월세가 한 달 주거비의 전부는 아니라는 것이다. 내가
한 달에 40만 원을 주거비로 쓸 수 있다고 해서 40만 원짜리 월세를 구했
다간 뒤늦게 허리띠가 아니라 목을 졸라 매야 하는 상황을 맞을 수 있다.
월세 외에도 공과금, 관리비 등이 다달이 내 주머닛돈을 갉아먹는다는 것
을 명심하자. 또 만약 보증금을 대출받을 생각이라면 그 이자까지 고려해
야 한다.

주거비 = 월세 + 공과금(수도요금·전기요금·가스요금 등)**+관리비**
+(대출 이자)

오피스텔의 경우 월세의 10%에 해당하는 부가가치세도 내야 한다. 오피
스텔을 얻을 때는 이 부가가치세가 월세에 포함되어 있는지 확인하자. 만
약 자동차가 있어 주차비를 내야 한다면 이 역시 고려하자. 최근 서울의
다세대나 다가구 주택 관리비는 평균 2만~5만 원 정도다.

소득 대비 주거비 비율,
어느 정도가 적당할까?

2014년, 경제정의실천시민연합이 OECD와 IMF 자료 등을 분석한 결과에 따르면, 서울의 주택 가격은 1인당 GDP의 약 17배에 달한다. 이는 살인적 집값으로 유명한 런던과 뉴욕보다도 높은 수치다. 도쿄는 서울의 절반에도 못 미치는 6.5배, 뉴욕은 7.6배에 불과하다. 뉴욕의 경우, 중간 주택 가격이 서울과 비슷한 4억 원 정도이지만 시민 소득은 서울보다 2.2배 높았으며, 소득 대비 집값으로 환산할 경우, 서울 집값의 반값 수준이었다. 서울의 중간 집값은 4억4천만 원으로 뉴욕보다 2천만 원 비싸고 도쿄보다는 1억7천만 원 비싸지만 서울 시민의 소득은 뉴욕 시민의 45%, 도쿄 시민의 60% 수준이었다.[4]

유엔사회권규약위원회는 점유의 안전성, 적절한 주거 기반 시설 및 서비스, 경제적 적절성, 최저 기준 확보, 접근 가능성, 적절한 위치, 문화적 적절성을 주거 빈곤의 기준으로 삼고 있다.[5] 또 주거비 지불 능력으로 주거 빈곤을 측정하기도 하는데, 소득 대비 주택 가격 비율, 소득 대비 임대료 비율을 기준으로 30%를 넘으면 빈곤한 것으로 본다. 한편 OECD에서는 가입 국가에 주거비(임대료+공과금)가 소득의 25%를 넘지 않도록 권장한다. 주거비가 소득의 4분의 1을 넘어설 경우 생활에 필요한 기본 지출을 줄일 가능성이 높기 때문이다. 이는 전월세 가구의 소득 대비 주거비가 35%에 달하는 한국에서 세입자 본인의 의지만으로는 지키기 힘든 수준이지만 내 주거비를 책정할 때 참고해 볼 수 있다.

어디에, 어떤 집을 구할 것인가?

내 주머니 사정을 파악했다면 다음으로 고려할 일은 네 가지다.

- **주택 유형**   아파트, 다세대 주택, 오피스텔 등 본인이 선호하는 주택 유형을 결정한다.
- **크기**   몇 명이 거주할 것인지, 그 구성원에 맞는 주택 규모와 방의 개수를 선정한다.
- **지역**   직장이나 학교와의 거리, 생활 편의 시설, 주변 환경 등을 고려해 이주할 지역을 결정한다.
- **가격**   현재 보유 자금과 대출받을 금액을 고려해 얼마짜리 집을 구할지 결정한다.

가진 돈을 파악한 이후 무작정 부동산 중개업소를 방문하는 경우도 있지만,

먼저 인터넷을 통해 자신이 가진 자금으로 어느 지역에, 어떤 집을 구할 수 있는지 알아보자. 자신이 원하는 지역을 몇 군데 선정해 다음 사이트들에서 시세를 파악해 보면 된다. 대개의 경우 예상과는 달리 시세가 너무 높아 지역을 바꿔야 할 수도 있고, 내가 원하는 방의 수준을 낮춰야 할 수도 있다. 그래도 이 정도 돈을 모았으니 괜찮을 것이라는 환상만 품고 무작정 부동산을 찾았다 절망하기보다는 이 사회가 내게 허락하는 주거 현실을 먼저 파악하고 마음을 다잡자.

온나라 부동산 정보 통합 포털 www.onnara.go.kr

서울 부동산 정보 광장 land.seoul.go.kr

네이버 부동산, 부동산 114, 부동산 뱅크, 닥터 아파트, 부동산 써브, 조인스랜드 부동산

물론 인터넷 세상도 완전히 믿어서는 안 된다. 이 역시 어디까지나 대략적인 시세 탐색을 위한 것일 뿐, 실제 시세나 집 상태는 다를 수 있다. 일부 중개업소의 경우 고객을 유인할 목적으로 시세보다 가격을 싸게 기재하거나 허위로 말끔한 모델하우스 사진을 올리는 경우가 있다.

옥탑인가 반지하인가,
그것이 문제로다

3

나의 우선순위 정하기

옥탑인가 반지하인가? 손바닥만 한 신축 원룸에 갈 것인가, 넓지만 귀곡산
장 같은 집에 갈 것인가? 반지하일 경우 습기와의 전쟁을 치러야 하고, 밤
만 계속되는 생활을 할 수도 있으며, 옥탑의 경우 폭염과 혹한을 각오해야
한다는 사실을 깨닫게 되면 선택은 정말 어렵다.

사실 내가 원하는 모든 조건을 만족시키는 집은 없을 것이다. 아파트를 구
매할 수 있는 중상층에만 초점을 맞춰 온 부동산 정책 때문에 저소득층의
주거 환경은 점점 나빠져 가고 있기 때문이다. 아파트에 비해 상대적으로
저렴한 빌라, 주택, 오피스텔의 경우 시설의 노후나 건축상의 문제로 주거
용으로 적합하지 않은 경우도 많다. 이마저도 재개발되기 일쑤여서 집 없
는 떠돌이들은 점점 더 외곽으로 밀려나고 있다.

하지만 어쩌랴. 그나마 자신에게 중요한 요소가 무엇인지 찾아 덜 나쁜 선택을 하는 수밖에 없다. 이때 장착해야 할 것은 '현실감각'. 도저히 가질 수 없는 집을 그리며 중개사 뒤를 따라다니면 기운만 빠질 뿐이다. 내가 무엇을 참을 수 있고 무엇을 절대 참지 못하는가, 곰곰이 생각해 보고 결코 참을 수 없는 그 조건만이라도 피해 보자.

이를 위해 집의 여러 조건 중에서 자신에게 중요한 조건이 무엇인지 우선순위를 확인하는 작업이 필요하다. 예를 들어, 먼지나 곰팡이 등에 민감한 비염 환자라면 반지하는 피해야 할 것이고, 추위나 더위에 약한 체질이라면 옥탑은 피하는 것이 좋다. 이는 주어진 조건 안에서 나에게 가장 필요한 선택을 했다는 자기 확신을 갖는 데도 도움이 된다. 이미 독립해 살고 있다면 현재 집에서 가장 개선하고 싶은 부분이 어떤 점인지도 생각해 보자. 다른 건 몰라도 베란다만은 꼭 있었으면 좋겠다거나 더 이상 하수구 냄새 올라오는 화장실만은 참지 못하겠다거나 이제는 손발 뻗고 뒹굴어 볼 수 있는 방에서 자고 싶다는 등, 살다 보면 자기만의 소박하지만 절실한 위시리스트가 생기기 마련이다. 〈부록 3〉 세입자 언니가 권하는 심화 체크리스트(176쪽)에 항목별로 가산점을 부여해 자신의 우선순위를 확인해 보자.

원룸이 싫다면
분리형 원룸, 복층은 어떨까?

처음 독립했을 땐 원룸도 아늑한 맛에 살 만하다고 느끼지만 점점 주방과 분리된 공간을 원하게 되기 마련이다. 원룸 생활에 지쳤다면 부엌과 침실이 함께 있는 원룸의 단점을 극복한 분리형 원룸도 생각해 볼 만하다. 분리형 원룸이란 미닫이문으로 부엌과 침실을 구분해 놓은 집을 말한다. 물론 작은 방을 분리해 더 좁아 보일 수도 있다는 걸 감안하자.

복층의 경우도 이런 장점이 있는데, 몇 가지 더 주의할 점이 있다. 복층으로 올라가는 계단에 난간이 있는지, 계단이 너무 가파르지 않은지 살펴보자. 복층이라도 천장이 너무 낮을 경우 제 기능을 못하는 경우도 많다. 또 거실과 침실을 확실히 구분해 복층에서는 꼭 잠을 자겠다는 규칙을 정하는 것도 방법이다. 그렇지 않으면 2층은 창고로 전략해 원룸이나 다름없는 생활을 하게 될 수도 있다. 또 복층은 겨울엔 춥고 여름엔 더운 곳도 많으니 이 역시 참고하자.[6]

내게도 목돈이?

보증금은 부족한데 대출은 엄두가 안 난다는 세입자가 많다.

보증금만 있다면 세입자에게 가장 유리한 것은 전세다. 월세는 일반적으로 7~8%에 달하는 시중은행의 대출 이율보다도 높은 12~18%의 이자를 월세로 지불하는 격이기 때문이다. 하지만 금수저를 물고 나오지 않은 이상 1억 원을 넘나드는 전세 보증금을 한꺼번에 마련할 수 있는 세입자는 없을 터. 이럴 땐 시중은행보다 낮은 이율로 돈을 빌릴 수 있는 전세자금 대출을 생각해 보자. 모자라는 보증금을 은행에서 대출받을 경우 지불해야 할 이자가 월세보다 작다면 월세 대신 보증금 대출 이자를 내는 것이 이득일 수 있다.

전세자금대출의 경우, 각자의 조건에 따라 편차가 있지만 보증금의 약 70%까지 3% 전후의 이율에 빌릴 수 있다. 또 대출 기간을 연장하면 최장 8~10년까지 대출이 가능하기 때문에 대출한 원금을 빠른 시일 내에 갚아

야 한다는 부담도 덜하다. '엄청난 빚을 진다'는 생각보다는 다음 내용을
차근차근 읽어 본 후 손익을 따져 보자.

얼마를 대출받는 게 적절할까?

금리가 낮아도 빚을 모시고 살아서는 안 되는 법. 자신의 현재 수입, 향후
예상 수입, 목돈이 들어갈 예기치 못한 상황 등을 고려해 최소한만 대출받
도록 하자.

- 매월 내야 하는 이자 부담액이 자신이 저축할 수 있는 금액, 즉 소득에서
  지출을 뺀 금액을 초과하지 않는 것이 좋다.
- 외국의 경우 본인 연소득의 3, 4배 또는 가족 연소득의 2배 수준을 적정
  대출 한도로 보기도 한다.
- 연간 상환해야 할 원금과 이자의 합계액이 연소득의 40% 이하일 때를 적정
  수준으로 판단할 수도 있다.

국민주택기금의 전세자금대출

정부가 저소득층의 주거 안정을 위해 시중 은행보다 낮은 금리로 주택 구입 자금이나 보증금을 대출해 주겠다고 설치한 것이 바로 국민주택기금이다. 전세자금대출이라고 해서 꼭 '전세' 형태여야만 가능한 것은 아니고 보증부 월세의 보증금도 빌려준다.

얼마를 어느 정도 이자에 빌릴 수 있을지는 국민주택기금 홈페이지의 '주택전세자금 계산 마법사'로 대강을 미리 알아볼 수 있다.

● 자격 조건

대출 신청일 현재 세대주로서 대출 대상 주택에 임대차계약을 체결하고 임차 보증금의 5% 이상을 지불한 자

- 대출 신청일 현재 단독 세대주를 제외한 만 19세 이상 세대주(단, 만 25세 미만의 미혼인 자녀가 직계존속을 부양하는 조건으로 신청하는 경우 세대 합가 기간이 연속하여 6개월 이상인 경우) 또는 세대주로 인정되는 자(① 세대주의 세대원인 배우자 ② 대출 신청일로부터 2개월 이내에 결혼해 세대주로 예정된 자 ③ 민법상 미성년인 형제자매로 구성된 세대의 세대주 ④ 만 25세 이상인 단독 세대주)
- 대출 신청일 현재 세대주로서 세대주를 포함한 세대원 전원이 무주택자일 때
- 대출 신청인과 배우자의 연소득 합산 5천만 원 이하인 자(단, 신혼가구, 혁신도시 이전 공공기관종사자 또는 타 지역으로 이주하는 재개발 구역 내 세입자인 경우 6천만 원 이하인 자)

② 대출 대상 주택

전용면적 85제곱미터 이하(도시가 아닌 읍·면 지역은 100제곱미터 이하)

보증금 2억(수도권은 3억) 이하

③ 대출 한도와 대출 이자

연 2.5~3.1%의 금리에

전세보증금의 70% 이내에서

수도권은 최대 1억, 비수도권은 8천만 원까지 대출 가능

④ 대출 기간

2년 단위로 4회 연장해 최장 10년까지 가능

미리미리 상담하고 대출받자

실제 대출이 가능한지는 이사하기 약 3개월 전에 관할 은행(우리은행, 국민은행, 기업은행, 농협, 신한은행, 하나은행 등)을 방문해 직접 상담을 받아 봐야 한다. 막연히 대출 자격이 된다고만 생각하고 있다가 낭패를 보는 수가 있다. 집주인에게 담보가 많을 경우 대출이 어려운 경우도 있으며, 자신의 수입을 비롯한 여건이 대출 자격 조건에 맞는지도 확실한 확인이 필요하다. 또 대출 절차가 하루 이틀 안에 끝나지 않으므로 잔금을 치르고 입주

하는 날 대출이 가능하도록 미리 절차를 진행해 두는 것이 중요하다.

은행을 방문하기 전에 필요한 금액, 필요한 시기(대출금 사용 기간), 본인의 소득 규모를 파악한 후 상담을 받으면 더 효율적이다.

절차상 집주인의 동의가 필요한데, 집주인이 해줄 일은 은행에서 걸려온 전화에 동의해 주는 일뿐이니 꺼려 할 경우 이런 간편성을 주지시켜 설득해 보자.

부모님과 같이 사는 싱글을 위한 대출은 없다? 세대주 분리를 하자

국민주택기금의 전세자금대출의 경우 25세 이상이라 하더라도 부모님으로부터 독립하기 전이라 단독 세대주를 구성하지 못한 싱글은 대출을 받을 수가 없다. 하지만 이사할 집에 미리 전입신고를 하거나 세대주 분리를 하는 방법이 있으니 시도해 보자. 이미 다른 세대주가 존재하는 집에 또 다른 세대주로 전입신고를 하는 것은 원칙적으로 불가능하지만, 통상적으로 임대차계약 등으로 독립된 생계를 유지한다고 해당 주민센터에서 판단하는 경우 예외적으로 한 가구 두 세대를 구성할 수 있다. 따라서 전세 자금 대출 때문이라고 주민센터에 잘 설명한다면 가능하다. 세대주 분리의 경우 다른 가족 모두가 무주택자여야 지원받을 수 있다.

국민주택기금의 월세 대출

월세조차 감당하기 힘든 만 35세 이하의 취업 준비생과 사회 초년생이라면 주거 안정 월세 대출도 이용해 볼 만하다. 여기서 '취업 준비생' 조건을 충족시키려면 본인이 무소득임은 물론이고 부모 소득이 6천만 원 이하여야 한다. 또 '사회 초년생' 조건을 충족시키려면 취업 후 5년 이내여야 하고, 결혼을 했다면 배우자의 소득과 합한 연소득이 4천만 원 이하여야 한다.

- 연 1.5% 금리로 매월 최대 30만 원씩 2년간 총 720만 원까지 대출이 가능하다. 돈은 통장에 연 단위(최대 360만 원)로 입금되며 2회에 한한다.
- 대출한 돈은 3년이 지나면 한꺼번에 갚아야 하며, 이는 1년 단위로 3회 연장 가능하므로 최장 6년까지 대출이 가능하다.
- 불법 건물과 고시원은 대출이 불가능하며, 보증금 1억 원 이하, 월세 60만 원 이하의 주택이어야 한다.
- 전세자금대출과 달리 집주인의 동의가 필요 없으며 계약 사실만 증명하면 된다.

2장

똑똑똑,
여기 방 있나요?

처음엔 200에 30짜리 방을 구했어요. 그 돈으로는 지상층을 보기 어려웠죠. 반지하를 보여 주면 그나마 다행이고 그보다 더 이상한 데도 많더라고요. 내가 이렇게까지 해서 독립을 해야 하나 그런 생각까지 드는데, 그때 이층에 있는 집을 딱 보여 주는 거예요. '와, 빛이 들어온다!'하며 덜컥 계약해 버렸죠. 근데 알고 보니 쪄 죽고 얼어 죽는 그런 집이었어요. 하지만 결국은 내 주제에 서울에서 집을 구하니 이런 건 운명이랄까, 그렇게 체념하게 되더라고요. 신치, 31세, 독립 4년차, 보증금 500/월세 30만 원

보증금으로 쓸 수 있는 돈이 200만 원뿐이었던 신치는 돈 없는 초보 세입자들이 집을 구할 때면 흔히 범하는 실수를 한다. 내가 가진 보증금으로는 나를 반겨 주는 부동산이 없는 현실에서 발품을 팔다 지치면 결국 집에 대한 판단을 그르치게 되는 것이다. 하지만 돈을 '조금' 더 모은다고 해서 더 좋은 집으로 갈 수 있는 것은 아니다. 결국 선택은 옥탑에서 추위를 견디느냐, 반지하에서 건강을 버리느냐인 경우가 많다. 규원 역시 이런 기로에 섰다.

옥탑은 겨울에 춥고 여름에 더운 게 너무 심한 거예요. 아, 여기서 사느

니 차라리 반지하로 가자, 했죠. 근데 반지하는 건강에 정말 안 좋더라고요. 그래서 반지하 갔다 옥탑 갔다 다시 반지하 갔다 하는 패턴이 되죠. 벗어날 수 없는 사이클이예요. 반지하 제하고, 옥탑 제하고, 그러고 나면 그 돈에 있을 데가 없거든요. 규원

100에 20, 그런 집을 많이 보고 다녔어요. 달동네를 돌다 보니 참 이상한 집을 많이 봤어요. 어떻게 이렇게 생긴 집이? 라고 할 정도의 집도 많아요. 집에 직각이 없었어요. 마름모 아니면 오각형. 그러니까 집에 아귀가 안 맞는 거죠. 월세 30만 원 이하의 방은 화장실이나 부엌이 따로 없고 공동이더라고요. 근데 공동 화장실은 이미 겪어 봐서 다시 선뜻 들어가질 못하겠더라고요. 그래서 20만 원짜리 방에 화장실 따로 있는 게 어디야 하면서 들어갔죠. 진현, 23세, 독립 5년차, 보증금 100/월세 20만 원

세입자들에게 집 찾기란 '좋은' 집을 찾는 여정이라기보다는 '덜 나쁜' 선택지를 고르는 과정이다. 그럼에도 태영은 옥탑도 노하우가 생기면 견딜 만하다고 말한다.

혼자 살기 시작하면서 상도동에 집을 알아봤는데 지하 아니면 옥탑인 거예요. 그때 가진 돈으로 구할 수 있는 집이 그것뿐이었던 거죠. 그래서 저한테는 채광이랑 통풍이 너무 중요하니까 옥탑으로 가겠다고 했죠. 대문도 따로 있고, 주인집 말고는 우리밖에 안 살고, 어쨌든 햇빛이

비치고 바람이 잘 통하는 곳이었어요. 햇빛이 비치니까 이불 빨래도 옥상에 널 수 있고. 집 구조는 허술해도 괜찮다고 생각했죠.

저는 반지하보다는 옥탑이 훨씬 좋은 것 같아요. 지하는 습기랑 곰팡이 때문에 옷이랑 이불이랑 다 상하고, 가구도 벽에 딱 붙여 놓으면 곰팡이 피고 뒤틀려서 나중에 수평 맞는 집으로 이사를 가도 책꽂이가 비뚤어져 있어요. 옥탑은 추운 게 흠이지만 뭘 좀 대비를 하면 괜찮아요. 그때 정말 벽을 뽁뽁이랑 비닐로 싹 다 발라 버려서 비닐하우스 같았지만, 그런 걸 좀 하면 저는 옥탑이 좀 더 참을 만했어요. 태영, 38세, 독립 17년차, 전세 1억4천만 원(대출 포함)

세입자 손자병법
_집 찾기 실전 편

공인중개사를
내 편으로

5

두 발로 직접 집을 보러 갈 시간. 이제부터 공인중개사, 집주인, 그리고 마 땅찮은 집들 사이에서 산전수전을 겪게 될 것이다. 첫 단계에서 가장 중요 한 것은 신뢰할 만한 중개사를 찾는 일. 그 다음 단계에서는 중개사를 자 신의 대리인으로 충분히 활용하는 것이 중요하다.

공인중개사는 누구인가?

흔히들 중개사를 '마땅한 집을 찾아서 보여 주는 사람' 정도로 인식한다. 하지만 계약 과정에서 공인중개사의 역할은 단지 집을 보여 주는 데 그치 지 않는다. 사실 중개사의 역할에서 가장 중요한 것은 계약 당사자를 대리 해 협상을 하고 합법적 계약을 성사시키는 데 있다. 그러니까 내가 중개사에게 부동산 수수료를 지불한다는 건, '내게 맞는 집을 보여 달라'는 요청이기도 하지만, '내 입장을 대리해 나에게 유리하게 계약을 성사시켜 달라'는 요청이기도 하다.

믿을 만한 중개사 찾기

하지만 대부분의 세입자들은 이렇게 반문할 것이다. 중개사는 대부분 세입자가 아닌 집주인의 입장에서 집을 소개하지 않는가? 세입자 입장에서는 중개사가 집주인 편에 서있는 것처럼 느껴질 때가 많을 것이다. 그러나 중개사를 무조건 집주인과 한통속으로 치부해 버리면 내가 받을 수 있는 정당한 서비스를 포기하는 셈이다. 세입자 역시 중개사에게 집주인과 똑같은 액수의 중개료를 지불한다는 점, 계약이 성사되려면 소비자인 세입자의 선택이 결정적이라는 점을 상기하자. 결국 중개사는 거래가 성사되려면 내 편이 될 수밖에 없다는 마인드로 협조를 구해 조력자로 만드는 것이 중요하다.

이제 다음과 같은 두 단계를 밟아 신뢰할 만한 중개사를 찾아보자.

● 훑어보기

첫날은 우선 대여섯 군데 중개소를 무작위로 돌아본다. 이날은 당장 계약할 집을 찾는 게 아니라, 그 지역 시세와 시세 대비 집의 상태를 파악하는 날이라 생각하고 여러 곳을 가벼운 마음으로 둘러보자.

거점 부동산 정하기

여기저기 부동산을 기웃거리다 보면 내 조건과 취향을 간파하고 적극적으로 집을 추천해 주는 공인중개사를 발견할 수 있다. 이런 부동산을 거점 부동산으로 정하고 내가 지불할 수 있는 보증금과 월세의 범위, 그리고 내가 원하는 집의 조건을 정확하게 제시하면서 그에 맞는 집이 나오면 연락해 달라고 부탁한다. 요즘은 중개소끼리 서로 네트워크화되어 있고 부동산 매물들을 공동 중개하는 경우도 많다. 따라서 한두 군데 신뢰할 만한 중개소를 찾는다면 중개사가 적절히 지역 범위를 넓혀 조건에 맞는 집을 찾아 주는 경우가 많다.

작은 노하우

온라인에서 오프라인으로

관심 있는 지역의 부동산 중개업소를 방문하기 전에 미리 자신이 찾는 조건의 부동산을 인터넷으로 찾아보고 전화로 시간 약속을 잡아 놓는 것도 시간을 절약하는 방법이다.

혼자보다는 함께

부동산을 둘러볼 땐 혼자보다는 누군가와 함께 가는 것이 좋다. 내 편이 되어 줄 사람이 있으면 중개사나 집주인과 협상하기도 유리하고, 동행인이 집을 구해 본 경험이 있다면 그 사람의 눈을 빌릴 수 있다.

흔한 중개 수법에 넘어가지 말자

"이 가격에 이만한 집 없어."

"이거 당장 계약 안하면 오늘 오후에라도 빠질 집이야."

"당장 계약금 걸기 어려우면 가계약금이라도 걸어 놔요."

중개사의 이런 말들에 마음이 급해져 덜컥 가계약을 했다가는 사는 내내 후회를 하거나, 결국 가계약을 취소하고 계약금까지 날리는 경우가 있다. 중개사가 바람잡이 역할을 해서 마음이 어수선할 때, 한 가지만 잊지 말자. 주변에서 어떤 말로 부추기든 중요한 것은 '나의 기준'이다. 그러니 당장 계약하지 않으면 놓칠 것이 확실한 집이더라도, 당장 계약을 해도 후회 없을 만큼 내 기준에 맞는 집이 아니라면, 불안을 안고 계약하지는 말자.

또 공부서류 발급을 꺼린다거나, 집의 장점만 늘어놓고 단점은 감춘다거나, 집을 자세히 보지도 않았는데 계약을 재촉하는 중개사는 주의하자. 이런 상황에서는 중개사에게 끌려가지 말고 자신의 의사를 명확히 하자. 신뢰감을 떨어뜨리는 상황들에 대해서는 제대로 지적하고 시정하는 것이 협력 관계를 유지하는 데도 좋다.

가계약이란 없다

어떤 공인중개사들은 마음의 결정을 내리지 못한 세입자에게 거래를 재촉하면서 소위 '가계약금'을 걸라고 말한다. 하지만 민법에 가계약금이란 없다. 단지 관행적으로 정식 임대차계약을 맺기 전 계약금조로 건네는 금전을 가계약금이라 칭하고 있을 뿐이다. 대개 다른 사람이 먼저 계약하는 것을 막고 해당 부동산을 확보해 놓기 위한 용도로 쓰이며, 부동산 중개업자나 임대인 통장으로 입금한다.

하지만 이는 사실 계약금과 다름없다는 점에 유의하자. 만약 세입자의 사정에 의해 계약을 파기하면, 반환이 어려울 수 있다. 법적으로는 계약금의 일부를 걸고 계약한 것으로 보아 계약금을 지급한 사람이 계약을 해지하려면 지급한 계약금은 해약금으로 보고 포기해야 한다. 그러니 되도록 가계약은 하지 말자.

다만, 가계약금조로 걸어둔 금액을 억울하게 날리게 될 상황에 처했을 경우, 다음과 같은 판례도 있으니 참고하자.

2012년, 창원지방법원에서는 가계약금을 줄 때 잔금 날짜나 특약 등을 구체적으로 말한 적도 없고, 또 본 계약이 이행되지 않더라도 가계약금은 돌려주지 않는다는 합의 등도 없는 상태에서 단지 집을 찜할 목적으로 지급했다면 가계약금을 돌려주라는 판례가 있었다(2012.11.7 선고 2012가소 8843). 그러므로 가계약 당시 구체적인 합의가 어디까지 이루어졌느냐에 따라 반환 여부를 결정할 수 있다.[7]

직거래도 괜찮을까?

이 외에도 최근에는 직거래 사이트를 통한 매매율도 높아지고 있는 추세. 중개 수수료를 절약할 수 있다는 점에서 유용하지만 공인중개사가 해야 할 일들을 본인이 모두 꼼꼼히 처리해야 한다는 사실을 상기하자. 특히 계약 당사자의 신원 확인, 등기부등본 확인, 꼼꼼한 현장 확인은 필수 점검 사항이니 직거래시 꼭 기억해 둬야 한다.

이런 기회비용과 중개료를 비교해 본 후 직거래를 할지, 공인중개사를 활용할지 선택하자. 대부분은 중개업소를 이용하는 것이 안전하고 좋다.

임대차 거래 중개보수 요율표

거래 금액	수수료 요율	수수료 한도액
5천만 원 미만	거래 금액의 0.5%	20만 원
5천만 원 이상~1억 원 미만	거래 금액의 0.4%	30만 원
1억 원 이상~3억 원 미만	거래 금액의 0.3%	없음
3억 원 이상~6억 원 미만	거래 금액의 0.4%	없음
6억 원 이상	거래 금액의 0.8% 이하	없음

• 거래 금액 산정 방법
  전세: 전세금
  월세: 보증금+(월세×100). 단, 이때 계산된 금액이 5천만 원 미만일 경우, 보증금+(월세×70)
• 오피스텔은 주거용으로 분류되지 않아 일반 주택보다 훨씬 많은 0.9% 이내의 요율이 적용된다. 단, 주방, 화장실, 목욕 시설을 갖춘 주거형 오피스텔이면서 면적이 85제곱미터 이하인 경우 상한 요율이 0.4%이다.
• 표에 안내된 비용은 집주인과 같이 부담하는 비용이 아니라 세입자 혼자 부담하는 비용이다.
• 2015년 4월 14일 개정된 서울특별시 조례를 기준으로 한 것으로, 지역에 따라 차이가 있으며, 시·도 조례 개정시 변경될 수 있다. 시·노별 중개보수 요율은 한국공인중개사협회 홈페이지 (www.kar.or.kr/pinfo/brokerfeeall) 참조.

중개사 자격증과 공제증서

부동산에 갔을 때 제일 먼저 확인할 것이 있다. 바로 공인중개사 자격증과 공제증서. 보통 벽에 걸려 있어 둘러보면 쉽게 발견할 수 있다.

공인중개사자격증은 그가 합법적인 자격을 갖춘 공인중개사임을 증명해 주는 서류다. 자격증에 있는 공인중개사와 내가 만나고 있는 중개사가 동일 인물인지 확인하면 된다. 공제증서는 집을 구하다가 부동산에서 배상해야 할 문제가 생기면 한국공인중개사협회 차원에서 그 손해를 배상해 주는 제도이다.

보통은 '1억' 손해배상 책임 보증이라는 스티커가 크게 붙어 있다. 그렇다면 이는 일이 잘못되면 중개사가 모두 보상해 준다는 뜻일까?

공인중개사는 의뢰받은 중개물에 대한 등기 권리증과 등기부등본은 물론 인감증명서, 인감도장 등을 조사하고 확인할 의무가 있다. 그러나 중개사의 고의 또는 과실로 계약이 잘못됐다 하더라도 의뢰인인 세입자가 이 사실을 증명해야 하고, 그것이 인정된다 해도 등기부등본을 제대로 확인하지 않은 세입자의 과실도 고려해 배상액이 결정되기 때문에 실제로 보증금을 다 받기는 어렵다. 따라서 유리창에 붙어 있는 '1억' 배상 보험 스티커만 믿지 말고 세입자 본인이 등기부등본 사항을 꼼꼼히 확인해야 한다.

만약 스스로 이것이 어렵게 느껴진다면, 계약 조건이 법적으로 문제가 없는지 검증해 줄 공인중개사 외의 또 다른 채널을 확보해 두는 것도 좋다. 다음의 기관들에서 임대차계약과 관련된 다양한 상담을 받을 수 있다.

전월세지원센터 1577-3399
서울시 전월세보증금지원센터 02-2133-1200~8
전국세입자협회 02-6022-4551

집을 보는
매의 눈

첫 단계에서는 무작위로 부동산을 다니면서 시세와 여건, 나에게 맞는 공인중개사 등을 탐색했다면, 이제는 거점 부동산과 연락을 주고받으며 본격적으로 집을 살펴볼 차례다. 요령 없이 공인중개사가 안내하는 대로 낯선 동네를 돌아다니다 보면 이 집이 저 집 같고 저 집이 이 집 같은 미궁 속에 빠져들기 마련이다. 하지만 다음과 같이 차근차근 단계를 밟아 간다면 비교가 쉬울 것이다.

작은 조건에 혹하지 말고
큰 것부터 살피자

초보자라면 코딱지만 한 원룸에 놓인 드럼 세탁기나 허리를 펼 수 없는데도 왠지 아늑해 보이는 다락방의 낭만을 자극하는 복층, 반짝이는 싱크대나 에어컨 등 작은 요소에 혹해 정작 중요한 조건들을 살피지 못하기 십상이다. 하지만 집의 기능 가운데 가장 핵심은 단열, 통풍, 채광이다. 이는 집의 크기와 구조, 노후도에 따라 달라지며, 이들 요소는 서로 긴밀히 연결되어 있다. 예를 들어, 단열이 안 되는 집은 겨울에 결로가 발생해 곰팡이의 습격을 받을 수 있으며, 채광이 좋지 않으면 생체 리듬에 심각한 영향을 미칠 뿐만 아니라 겨울철 난방비도 많이 든다.

겉만 봐서는 단열이 좋은지, 환기가 잘되는지 집 상태를 쉽게 알 수 없는 경우도 많으니 떠돌이 세입자 선배들이 전하는 집 보는 노하우를 더불어 살펴보자(176쪽 〈부록 3〉 참조).

집의 주요 특징을 메모하자

집을 둘러 볼 때 꼼꼼히 확인했더라도 하루에 대여섯 차례 집을 보다 보면 각각의 특징을 일일이 기억하기가 쉽지 않다. 따라서 집을 보러 다닐 때 〈부록 2〉에 수록된 체크리스트(175쪽)를 가지고 다니며 그때그때 메모해 두면 나중에 이를 종합해 가장 하자가 적은 집을 고를 수 있다. 만약 이것이 여의치 않다면 내가 기억할 수 있는 집의 주요 특징과 가격, 부동산 상호명(되도록 명함을 받아 두자), 집의 특이 사항 등을 다음 표와 같이 간단히 적어 두어도 된다.

본 순서	소재지 주소	주거비 (보증금+월세+관리비)	주요 특징 요약		부동산 연락처
			장점	단점	
1	망원역 근처	2000/35	교통 편리	어두움	
2	성미산 학교 근처	전세 7000	방이 넓음	건물 노후	
3	연남동	5000/30	동네 좋음 집도 깨끗	교통 불편	
4	합정 사거리 근처	1000/50, 오피스텔 관리비 15만 원 이상 예상	깨끗함 관리실 있음	관리비 비쌈	

또 정말로 마음에 드는 집을 찾았다면 한 번 더 방문해서 〈부록 3〉(176쪽)을 참조해 미처 체크해 보지 못한 것들을 살펴보자. 싱크대, 가스레인지, 환기 장치, 방문, 창문, 양변기, 수도꼭지, 보일러 등 기본 시설이 고장 나지 않았는지 살펴 두면 계약할 때 수리해 달라고 요구할 수 있고, 이를 이용해 월세를 흥정할 수도 있다.

● 중개사에게 미리 양해를 구하자

집을 보러 가기 전에 중개사에게 나의 우선순위 조건들이 무엇인지 알리고 어떤 항목들을 확인하고 싶다고 협조를 구하면 집 상태를 살피기가 좀 더 쉬워진다. 중개사가 미리 그런 조건들을 집주인에게 물어봐 주거나 좀 더 우호적인 분위기에서 집 구석구석을 살펴보도록 해주기 때문이다. 이 모든 사항을 실제로 다 확인하지 못하더라도 이것저것 질문을 던지며 집 상태를 살피면 호락호락하지 않은 세입자라는 인상을 주어 협상에서도 유리하다.

전체적으로 맘에 든다면
나머지 하자는 협상 테이블로

원하는 체크리스트의 조건들을 모두 만족시키는 집은 아마 없을 것이다. 게다가 내게 중요한 항목들 가운데서도 몇 가지만을 만족시키는 선에서 타협해야 할 경우도 많다. 이럴 때 나머지 조건을 수리를 통해 개선하는 방안을 집주인과 협상해 볼 수 있다. 예를 들어 보일러 연식이 오래되어 잦은 고장이 예상된다면 교체를 요청하거나, 1층인데 방범창이 없으면 방범창 설치를 요청해 보자(구두로 이야기한 내용은 최종 계약서에 꼭 명시하자. 70-71쪽 참조).

또 수리가 불가능하다면 집세를 낮추는 협상 카드로 활용할 수도 있다. 이 협상은 직접 하기보다는 나의 대리인인 공인중개사를 통해 하는 것이 품도 덜 들고 협상력도 높일 수 있다.

덜 나쁜 반지하와 옥탑 분별법

누구나 햇볕이 잘 들고 통풍이 잘되는 집에서 살고 싶겠지만 저렴한 반지하와 옥탑방을 선택할 수밖에 없는 경우도 많다. 옥탑과 반지하를 놓고 고민할 때 추위나 더위에 약한 사람들은 단열 면에서 우위에 있는 반지하에 더 끌리겠지만, 환기와 채광을 중시한다면 옥탑을 선호할 수도 있을 것이다. 최근 반지하 가운데는 여름에는 시원하고 겨울에는 따뜻해서 냉난방비가 많이 들지 않는 집도 있다 하니 꼼꼼히 따져 보면 괜찮은 반지하 방을 고를 수도 있다. 다음과 같은 방법으로 반지하나 옥탑의 태생적 단점이 그나마 덜한 집을 찾아보자.

- 물이 새는 집인지 보려면 천장 모서리나 천장과 벽의 경계선을 살펴보자. 벽지가 얼룩져 있다면 물이 샌 흔적이라 의심해 볼 만하다. 장판을 살짝 뒤집어 보는 것도 방법이다. 장판과 바닥 사이가 말라 있지 않고 축축하다면 습기가 잘 차는 곳이다. 또 처음 집에 들어설 때 냄새를 좀 더 예민하게 느껴 보자. 습기로 인해 생기는 곰팡이는 특유의 쿰쿰한 냄새를 풍긴다.
- 벽지나 장판을 새로 한 집이라면 이런 방법도 소용없다. 이때는 부동산에 그 동네와 집의 이력을 물어보는 것도 방법이다. 또 인터넷에서 'ㅇㅇ구 물난리'를 검색해 보자. 과거 그 동네의 이력을 보여 주는 기사를 찾을 수도 있다. 물난리에 대비해 되도록 동네 평균보다 지대가 높은 지역을 찾는 것도 좋다.
- 낮에 불을 다 끄고 얼마나 어두운지도 확인해 보자. 사람들이 많이 다니는 길가에 위치한 반지하의 경우 도난과 범죄에 노출될 수 있으니 방범창이 없다면 꼭 집주인에게 요구하자.[8]
- 반지하의 경우 창문의 방향을 잘 살피자. 창문이 곧장 주차장과 맞닿은 경우 매연, 소음 등이 심할 수 있다. 사생활이 보장되는지도 확인할 것.
- 옥탑의 경우 계단을 잘 살피자. 철제 계단이나 가파른 계단의 경우 비나 눈이 오면 미끄러워 위험할 수 있다.
- 옆집 옥탑이 내 옥탑보다 높을 경우 사생활 침해의 가능성이 있으니 주의하자.
- 옥탑방은 수도와 가스를 특히 잘 확인하자. 이런 기본 시설이 제대로 되어 있지 않은 경우가 많다.

중개 대상물 확인·설명서

호주에서는 집 상태를 점검하는 것이 중개사의 중요한 역할 중 하나다. '입주 주택 상태 보고서'를 작성해 계약 전 세입자에게 제출하는 것이 중개사의 의무로 되어 있다. 한국에는 이런 제도가 없는 걸까? 한국에도 중개사가 작성해 계약 전에 세입자에게 주도록 되어 있는 '중개 대상물 확인·설명서'라는 것이 있다. 하지만 실제로는 계약서를 쓰는 날, 계약서와 함께 형식적으로 전달해 주기 때문에 부차적인 문서로 지나치는 경우가 많다. 이 서식에는 건물 면적이나 준공 년도, 난방 종류와 배수 시설, 벽면의 상태나 도배 상태 등 놓치기 쉬운 부분들은 물론 각종 장부를 통해 확인할 수 있는 권리관계, 공시되지 않은 물건의 권리 사항까지 확인하고 작성하도록 되어 있다. 입주 전 집수리를 협상하거나, 살면서 문제가 발생했을 때 중요한 증거자료가 될 수 있기 때문에 중개 대상물 확인·설명서를 주지 않는다면 요청하고 꼼꼼히 따져 보는 것이 좋다. 차후 문제가 발생해 보상을 받을 경우 유용하다.

중개대상물 확인 · 설명서[I] (주거용 건축물)

([ ] 단독주택   [ ] 공동주택   [ ] 매매 · 교환   [ ] 임대)

※ [ ]에는 해당하는 곳에 √표를 합니다.

확인 · 설명 자료	확인 · 설명 근거자료 등	[ ] 등기권리증 [ ] 등기사항증명서 [ ] 토지대장 [ ] 건축물대장 [ ] 지적도 [ ] 임야도 [ ] 토지이용계획확인서 [ ] 그 밖의 자료( )
	대상물건의 상태에 관한 자료요구 사항	

유의사항	
개업공인중개사의 확인 · 설명 의무	개업공인중개사는 중개대상물에 관한 권리를 취득하려는 중개의뢰인에게 성실 · 정확하게 설명하고, 토지대장 등본 등기사항증명서 등 설명의 근거자료를 제시하여야 합니다.
실제거래가격 신고	「부동산거래신고에 관한 법률」 제3조 및 같은 법 시행령 제2조제1항제6호에 따른 실제 거래가격은 매수인이 매수한 부동산을 양도하는 경우 「소득세법」 제97조제1항 및 제7항과 같은 법 시행령 제163조제11항제2호에 따라 취득 당시의 실제 거래가격으로 보아 양도차익이 계산될 수 있음을 유의하시기 바랍니다.

I. 개업공인중개사 기본 확인사항

① 대상물건의 표시	토 지	소재지				
		면적(㎡)		지 목	공부상 지목	
					실제이용 상태	
	건축물	전용면적(㎡)			대지지분(㎡)	
		준공년도 (증개축년도)		용도	건축물대장상 용도	
					실제 용도	
		구조		방향	(기준:)	
		건축물대장상 위반건축물 여부	[ ] 위반 [ ] 적법	위반내용		

② 권리관계	등기부 기재사항	소유권에 관한 사항		소유권 외의 권리사항	
		토지		토지	
		건축물		건축물	

③ 토지이용 계획, 공법상 이용 제한 및 거래 규제에 관한 사항(토지)	지역 · 지구	용도지역			건폐율 상한	용적률 상한
		용도지구			%	%
		용도구역				
	도시 · 군계획 시설	허가 · 신고 구역 여부	[ ] 토지거래허가구역	[ ] 주택거래신고지역		
		투기지역 여부	[ ] 토지투기지역 [ ] 주택투기지역 [ ] 투기과열지구			
	지구단위계획구역, 그 밖의 도시 · 군관리계획			그 밖의 이용제한 및 거래규제사항		

④입지조건	도로와의 관계	(m × m)도로에 접함 [ ] 포장 [ ] 비포장		접근성	[ ] 용이함 [ ] 불편함	
	대중교통	버스	( )정류장	소요시간 ([ ] 도보 [ ] 차량) 약 분		
		지하철	( )역,	소요시간 ([ ] 도보 [ ] 차량) 약 분		
	주차장	[ ] 없음 [ ] 전용주차시설 [ ] 공동주차시설 [ ] 그 밖의 주차시설( )				
	교육시설	초등학교	( )학교,	소요시간 ([ ] 도보 [ ] 차량) 약 분		
		중학교	( )학교,	소요시간 ([ ] 도보 [ ] 차량) 약 분		
		고등학교	( )학교,	소요시간 ([ ] 도보 [ ] 차량) 약 분		
	판매 및 의료시설	백화점 및 할인매장	( ),	소요시간 ([ ] 도보 [ ] 차량) 약 분		
		종합의료시설	( ),	소요시간 ([ ] 도보 [ ] 차량) 약 분		

⑤관리에 관한사항	경비실	[ ] 있음 [ ] 없음	관리주체	[ ] 위탁관리 [ ] 자체관리 [ ] 그 밖의 유형

210mm×297mm[백상지 80g/㎡(재활용품)]

⑥비선호시설(1km 이내)	[ ] 없음	[ ] 있음(종류 및 위치:)
⑦거래예정금액 등	거래예정금액	
	개별공시지가(㎡당)	건물(주택)공시가격

| ⑧취득 시 부담할 조세의 종류 및 세율 | 취득세 | % | 농어촌특별세 | % | 지방교육세 | % |

II. 개업공인중개사 세부 확인사항

⑨실제 권리관계 또는 공시되지 않은 물건의 권리 사항

⑩ 내부·외부 시설물의 상태 (건축물)	수도	파손 여부	[ ] 없음 [ ] 있음(위치:)
		용수량	[ ] 정상 [ ] 부족함(위치:)
	전기	공급상태	[ ] 정상 [ ] 교체 필요(교체할 부분:)
	가스(취사용)	공급방식	[ ] 도시가스 [ ] 그 밖의 방식( )
	소방	소화전	[ ] 없음 [ ] 있음(위치:)
		비상벨	[ ] 없음 [ ] 있음(위치:)
	난방방식 및 연료공급	공급방식	[ ] 중앙공급 [ ] 개별공급 시설작동 [ ] 정상 [ ] 수선 필요( )
		종류	[ ] 도시가스 [ ] 기름 [ ] 프로판가스 [ ] 연탄 [ ] 그 밖의 종류( )
	승강기		[ ] 있음 ([ ] 양호 [ ] 불량) [ ] 없음
	배수		[ ] 정상 [ ] 수선 필요( )
	그 밖의 시설물		

⑪벽면 및 도배상태	벽면	균열	[ ] 없음 [ ] 있음(위치:)
		누수	[ ] 없음 [ ] 있음(위치:)
	도배		[ ] 깨끗함 [ ] 보통임 [ ] 도배 필요

| ⑫환경조건 | 일조량 | [ ] 풍부함 [ ] 보통임 [ ] 불충분(이유:) |
| | 소음 | [ ] 미미함 [ ] 보통임 [ ] 심한 편임 진동 [ ] 미미함 [ ] 보통임 [ ] 심한 편임 |

III. 중개보수 등에 관한 사항

⑬중개보수 및 실비의 금액과 산출내역	중개보수	〈산출내역〉 중개보수: 실비: ※ 중개보수는 시·도 조례로 정한 요율에 따르거나, 시·도 조례로 정한 요율 한도에서 중개의뢰인과 개업공인중개사가 서로 협의하여 결정하도록 한 요율에 따르며 부가가치세는 별도로 부과될 수 있습니다.
	실비	
	계	

「공인중개사법」 제25조제3항 및 같은 법 시행령 제21조에 따라 거래당사자는 개업공인중개사로부터 위 중개대상물에 관하여 확인·설명을 듣고, 개업공인중개사가 작성·교부하는 본 확인·설명서를 수령합니다.

년 월 일

매도인 (임대인)	주소		성명	서명 또는 날인
	생년월일		전화번호	
매수인 (임차인)	주소		성명	서명 또는 날인
	생년월일		전화번호	
개업 공인중개사	등록번호		성명 (대표자)	서명 및 날인
	사무소 명칭		소속공인중개사	서명 및 날인
	사무소 소재지		전화번호	
개업 공인중개사	등록번호		성명 (대표자)	서명 및 날인
	사무소 명칭		소속공인중개사	서명 및 날인
	사무소 소재지		전화번호	

등기부등본 보는 법 7

이사 갈 집이 정해졌다면 이제 가장 중요한 두 가지 관문만 넘기면 된다.
바로 부동산등기부등본 확인과 계약서 쓰기. 초보 세입자들에게는 가장
낯설고 어려운 과정이니 주의해서 꼼꼼히 살펴보자.

등기부등본이란 무엇인가?

집이 맘에 들 경우 경험 많은 세입자라면 대개 세 가지 질문을 한다.
　"시가가 어떻게 되나요?"
　"근저당은 얼마나 잡혀 있어요?"
　"현재 몇 가구가 세 들어 살고 있나요?"
이는 모두 최악의 경우 집주인이 파산해 집이 경매로 넘어간다고 가정했

을 때 주택임대차보호법에 의해 보증금을 돌려받을 수 있는지를 확인하기 위한 질문들이다.

계약서를 쓰기 전 제일 먼저 할 일은 이와 같은 사항들을 부동산등기부(보통 '등기부등본'이라고 부른다)를 통해 확인하는 것이다. 부동산등기부는 쉽게 말해 '집의 이력서'다. 언제, 어떤 용도로 지어졌으며 주인은 누구였고, 빚은 얼마인지, 어떤 형태의 집인지 상세히 알려주는 공식 문서다. 등기부등본의 확인은 공인중개사의 의무이고, 대부분 중개사들이 세입자를 대신해 등기부 사항들을 짚어 주지만, 되도록 본인이 직접 다시 확인해 보는 것이 안전하다. 집 주소만 정확히 알고 있다면 대법원 인터넷 등기소(www.iros.go.kr)에서 열람해 볼 수 있으며, 다음과 같은 순서에 따라 몇 가지 사항만 확인하면 된다.

❶ 등기부등본 열람 일자 확인

서류 하단의 '열람 일자'가 당일 날짜인지 확인하자. 시일이 다르다면 그 사이 내용이 달라졌을 수도 있기 때문이다.

❷ 표제부 : 주소 확인

등기부등본상의 주소와 내가 본 집의 주소가 일치하는지 확인한다. 계약서와 등기부상의 주소가 다르면 집이 경매에 넘어갔을 때 아무것도 보장받지 못한다. 특히 다세대 주택의 경우 지번뿐만 아니라 동호수까지 정확히 확인해야 한다.

❸ 갑구 : 현재 집주인과 가처분, 가등기, 경매신청, 압류, 가압류 확인

갑구 맨 아래에 있는 사람이 현재 집주인, 실소유주이다. 계약을 할 때는
반드시 갑구에 나오는 실소유주와 계약해야 하며, 신분증 확인은 기본이
다(73쪽 참조).

또 가처분, 가등기, 경매신청, 압류, 가압류 표시가 있는지도 확인한다. 있
다면 현재 집이 경매 중이거나 경매에 임박해 있다는 뜻이므로 당장 계약
을 중단하고 다른 집을 알아보는 게 좋다.

❹ 을구 : 저당, 근저당, 전세권 확인

집을 담보로 진 빚이 얼마인지 알려주는 항목이다. 등기부등본을 보는 주
된 목적이 여기에 있다. '저당'은 빚을 졌다는 뜻이다. 저당권과 근저당권의
가장 큰 차이는 채권액에 있다. 저당은 특정 액수를 담보하는 것이지만, 근
저당은 앞으로 계속 변동할 금액에 대해 최고 한도액을 정해 둔 것이다. 빨
간 줄이 그어 있으면 말소되었다는 뜻이므로 빨간 줄을 제외한 마지막 채
권 최고액(집주인의 빚과 이자를 합한 금액)과 근저당권자를 확인하면 된다. 오
른쪽의 예로 든 등기부등본에서는 소유자인 김갑동 씨가 이갑동 씨에게
집을 담보로 600만 원을 빌린 것을 확인할 수 있다.

　만약 집주인이 이 빚을 갚지 못하면 담보인 집이 경매에 넘어갈 수도
있다. 집이 경매로 넘어가면 집주인에게 돌려받을 돈이 있는 은행, 나보다
먼저 우선변제권(139쪽 참조)을 갖춘 세입자들이 경매 낙찰가에서 등기부
상 우선순위에 따라 돈을 돌려받게 된다. 만약 내가 계약하기 전에 이미

저당권, 근저당권, 전세권을 등록해 둔 사람들이 있다면 내 순위는 뒤로 밀린다. 한마디로 보증금을 돌려받지 못할 위험이 크다는 뜻이다. 계산은

등기사항전부증명서 (현재 유효사항) - 집합건물

[집합건물] 서울특별시 마포구 성산동 333-3 삼성빌라 제4층 401호 　　　고유번호 1143-1966-231411

❷ 【표제부】 (1동의 건물의 표시)

표시번호	접수	소재지번, 건물명칭 및 번호	건물 내역	등기원인 및 기타 사항
1	2010년 8월 23일	서울특별시 마포구 성산동 333-3 삼성빌라	철근 콘크리트 구조 펑스 라브지붕 5층 공동주택 1층 10.56㎡ 2층 105.95㎡ 3층 105.95㎡ 4층 105.95㎡ 5층 91.49㎡ 옥탑 10.56㎡ 연면적 제외	전산도면번호 10 2701 0000184

❸ 【갑구】 (소유권에 관한 사항)

순위번호	등기목적	접수	등기원인	권리자 및 기타 사항
2	소유권 보존	1992년 3월 5일 제 3005호		소유자 김갑동 450310-2○○○○○○ 인천시 남동구 ○○동 9

❹ 【을구】 (소유권 이외의 권리에 관한 사항)

순위번호	등기목적	접수	등기원인	권리자 및 기타 사항
3	저당권 설정	1998년 3월 15일 제3567호	1999년 3월 14일 설정 계약	채권 최고액 금 6,000,000원 채무자 김갑동 인천시 남동구 ○○동 9 저당권자 이갑동 500412-2○○○○○○○ 서울 용산구 ○○동 21

발행번호 11111111111111111111 　　　　　　　발행일 2015/11/21　❶

다음과 같이 해보면 된다.

세입 안전성
집값 × 60% ≥ (주택담보대출 + 보증금 총액)

예를 들어, 시가가 4억 원인 집이 있다고 하자. 경매로 넘어갈 경우 보통은 집값의 70%를 낙찰가(2억8천만 원)로 본다. 이 건물에 세 가구가 살고 있고, 이 세 집의 보증금을 합하면 2억이 된다. 근저당으로 1억이 설정되어 있으면 은행이 1억을 가져가고 나머지 1억 8천으로 세 집이 보증금을 나눠야 한다. 결국 누군가는 보증금을 모두 돌려받을 수 없는 것이다.

집을 구할 때 근저당이 많이 설정되어 있다면 공인중개사에게 시가를 물어보고, 근저당과 설정돼 있는 보증금을 모두 더해 시가의 60~70%가 넘지 않는지 살펴보아야 한다. 최근 경기 상황을 고려하면, 집값이 계약 시점보다 떨어질 것을 고려해 가급적 보증금 포함 근저당이 집값의 60%를 넘지 않는 것이 안전하다.

건축물 대장

등기부등본의 표제부 주소의 원 출처는 건축물 대장이다. 등기부등본과 마찬가지로 인터넷으로 누구나 열람할 수 있다. 내가 살 집의 용도가 주택인지 오피스텔인지, 제대로 사용 승인을 받았는지, 불법으로 건축한 건 아닌지(위반 건축물로 표기됨) 등 건물에 대한 중요한 내용을 담고 있으니 확인해 보는 것도 좋다.

납세증명원

사업을 하는 집주인의 경우 세금 체납 금액이 상식적 수준을 훨씬 넘어설 수 있다. 세금 체납이 있으면 집이 공매에 넘어갈 수 있기 때문에 위험하다. 이를 확인하기 위해서는 납세증명원을 보면 된다. 납세증명원은 당사자인 집주인이 세무서를 방문하거나 국세청 홈텍스 홈페이지에서 공인인증서를 이용해 발급받을 수 있다. 집주인이 미리 발급받아 계약서를 쓰는 날 챙겨 올 수 있게 사전에 공인중개사를 통해 이야기해 두는 것이 좋다. 최근 법무부가 만든 임대차계약서에는 이에 대한 표기가 의무화되어 있고, 대법원에서도 등기부에 집주인의 세금 체납을 명기하도록 하는 제도의 시행을 고려하고 있다.

계약 하루 전

중개사를 미리 만나자

집을 보고, 계약 의사를 밝히는 과정에서 집세는 얼마인지, 이사 날짜는
언제인지, 계약 기간은 어떻게 되는지, 이사 전에 집주인이 어떤 부분을
수리해 주는지 등 계약 내용에 대한 합의는 모두 끝이 나야 한다.

계약서를 쓰는 날은 이렇게 그동안 구두로 협상했던 내용을 계약서라는
서류로 만드는 날이다. 계약서를 쓰기 전날, 계약서 양식을 살펴보고, 특
약에 추가해야 할 내용은 공인중개사에게 명확히 전달해 놓는 것이 좋다.
특약 내용에 대한 협의는 계약 전에 확실히 마친 후, 계약 당일에는 계약
서 문구만 확인하고 도장만 찍으면 되도록 하자.

계약서 양식은 무엇으로 할까?

떠돌이 세입자들에게 계약서는 목숨과도 같다. 전 재산과 다름없는 보증금을 잃지 않기 위해, 또 살면서 집주인과 하자 보수 분쟁에 시달리지 않기 위해서도 법적으로 안전하고 정확한 계약서를 쓰는 것이 중요하다.

이럴 때, 법무부가 만든 '주택임대차 표준계약서'를 활용해 보자. 이 양식은 한국공인중개사협회의 임대차계약서와 달리 집주인의 미납 국세, 확정일자 현황 등의 확인이 가능하도록 되어 있어 선순위권리로 인해 피해를 입는 상황을 방지할 수 있다. 또한 수리가 필요한 범위, 수리가 완료되는 시기, 비용 부담 등 세입자를 보호하는 조항을 좀 더 상세히 작성하도록 되어 있어 수리비를 둘러싼 사후 분쟁을 방지할 수 있도록 한 것도 특징이다.

다만, 중개사가 늘 쓰던 양식이 있는데 세입자가 새로운 양식을 요구한다면 당황할 수 있으니 계약 전날 미리 중개사에게 계약서 양식을 문의하고 법무부 양식을 제안해 보자. 법무부 홈페이지에서 '주택임대차 표준계약서'를 검색하면 다운로드받을 수 있다.

이 계약서는 법무부에서 국토교통부·서울시 및 학계 전문가와 함께 민법, 주택임대차보호법, 공인중개사법 등 관계법령에 근거하여 만들었습니다. **법의 보호를 받기 위해 【중요확인사항】(별지)을 꼭 확인하시기 바랍니다.**

주택임대차계약서

☐보증금 있는 월세
☐전세 ☐월세

임대인(　　　　　)과 임차인(　　　　　　　)은 아래와 같이 임대차 계약을 체결한다

[임차주택의 표시]

소 재 지	(도로명주소)			
토 지	지목		면적	m²
건 물	구조·용도		면적	m²
임차할부분	상세주소가 있는 경우 동·층·호 정확히 기재		면적	m²

미납 국세	선순위 확정일자 현황	
☐ 없음 (임대인 서명 또는 날인　　　　㊞)	**☐ 해당 없음** (임대인 서명 또는 날인　　　　㊞)	**확정일자 부여란**
☐ 있음(중개대상물 확인·설명서 제2쪽 II. 개업 공인중개사 세부 확인사항 '⑨ 실제 권리관계 또는 공시되지 않은 물건의 권리사항'에 기재)	**☐ 해당 있음**(중개대상물 확인·설명서 제2쪽 II. 개업공인중개사 세부 확인사항 '⑨ 실제 권리관계 또는 공시되지 않은 물건의 권리사항'에 기재)	

유의사항: 미납국세 및 선순위 확정일자 현황과 관련하여 개업공인중개사는 임대인에게 자료제출을 요구할 수 있으나, 세무서와 확정일자부여기관에 이를 직접 확인할 법적권한은 없습니다. ※ 미납국세·선순위확정일자 현황 확인방법은 "별지"참조

[계약내용]

제1조(보증금과 차임) 위 부동산의 임대차에 관하여 임대인과 임차인은 합의에 의하여 보증금 및 차임을 아래와 같이 지불하기로 한다.

보 증 금	금		원정(₩　　　　　　)			
계 약 금	금	원정(₩	)은 계약시에 지불하고 영수함. 영수자 (			인)
중 도 금	금	원정(₩	)은	년	월	일에 지불하며
잔 금	금	원정(₩	)은	년	월	일에 지불한다
차임(월세)	금	원정은 매월	일에 지불한다(입금계좌:			)

제2조(임대차기간) 임대인은 임차주택을 임대차 목적대로 사용·수익할 수 있는 상태로 　　　년 　　월 　　일까지 임차인에게 인도하고, 임대차기간은 인도일로부터 　　　년 　　　월 　　일까지로 한다.

제3조(입주 전 수리) 임대인과 임차인은 임차주택의 수리가 필요한 시설물 및 비용부담에 관하여 다음과 같이 합의한다.

수리 필요 시설	☐ 없음 ☐ 있음(수리할 내용: 　　　　　　　　　　　　　　　　　　)
수리 완료 시기	☐ 잔금지급 기일인 　　　년 　　월 　　일까지 ☐ 기타 (　　　　)
약정한 수리 완료 시기 까지 미 수리한 경우	☐ 수리비를 임차인이 임대인에게 지급하여야 할 보증금 또는 차임에서 공제 ☐ 기타(　　　　　　　　　　　　　　　　　　　　　　　　　)

제4조(임차주택의 사용·관리·수선) ① 임차인은 임대인의 동의 없이 임차주택의 구조변경 및 전대나 임차권 양도를 할 수 없으며, 임대차 목적인 주거 이외의 용도로 사용할 수 없다.

② 임대인은 계약 존속 중 임차주택을 사용·수익에 필요한 상태로 유지하여야 하고, 임차인은 임대인이 임차주택의 보존에 필요한 행위를 하는 때 이를 거절하지 못한다.

③ 임대인과 임차인은 계약 존속 중에 발생하는 임차주택의 수리 및 비용부담에 관하여 다음과 같이 합의한다. 다만, 합의되지 아니한 기타 수선비용에 관한 부담은 민법, 판례 기타 관습에 따른다.

임대인부담	(예컨대, 난방, 상하수도, 전기시설 등 임차주택의 주요설비에 대한 노후·불량으로 인한 수선은 민법 제623조. 판례상 임대인이 부담하는 것으로 해석됨 　　　　　　　　　　　　　　　　　)
임차인부담	(예컨대, 임차인의 고의·과실에 기한 파손, 전구 등 통상의 간단한 수선, 소모품 교체 비용은 민법 제623조. 판례상 임차인이 부담하는 것으로 해석됨 　　　　　　　　　　　　　　　　　)

④ 임차인이 임대인의 부담에 속하는 수선비용을 지출한 때에는 임대인에게 그 상환을 청구할 수 있다.

제5조(계약의 해제) 임차인이 임대인에게 중도금(중도금이 없을 때는 잔금)을 지급하기 전까지, 임대인은 계약금의 배액을 상환하고, 임차인은 계약금을 포기하고 이 계약을 해제할 수 있다.

제6조(채무불이행과 손해배상) 당사자 일방이 채무를 이행하지 아니하는 때에는 상대방은 상당한 기간을 정하여 그 이행을 최고하고 계약을 해제할 수 있으며, 그로 인한 손해배상을 청구할 수 있다. 다만, 채무자가 미리 이행하지 아니할 의사를 표시한 경우의 계약해제는 최고를 요하지 아니한다.

제7조(계약의 해지) ① 임차인은 본인의 과실 없이 임차주택의 일부가 멸실 기타 사유로 인하여 임대차의 목적대로 사용할 수 없는 경우에는 계약을 해지할 수 있다.

② 임대인은 임차인이 2기의 차임액에 달하도록 연체하거나, 제4조 제1항을 위반한 경우 계약을 해지할 수 있다.

제8조(계약의 종료) 임대차계약이 종료된 경우에 임차인은 임차주택을 원래의 상태로 복구하여 임대인에게 반환하고, 이와 동시에 임대인은 보증금을 임차인에게 반환하여야 한다. 다만, 시설물의 노후화나 통상 생길 수 있는 파손 등은 임차인의 원상복구의무에 포함되지 아니한다.

제9조(비용의 정산) ① 임차인은 계약종료 시 공과금과 관리비를 정산하여야 한다.

② 임차인은 이미 납부한 관리비 중 장기수선충당금을 소유자에게 반환 청구할 수 있다. 다만, 관리사무소 등 관리주체가 장기수선충당금을 정산하는 경우에는 그 관리주체에게 청구할 수 있다.

제10조(중개보수 등) 중개보수는 거래 가액의 _____% 인 _____원(□ 부가가치세 포함 □ 불포함)으로 임대인과 임차인이 각각 부담한다. 다만, 개업공인중개사의 고의 또는 과실로 인하여 중개의뢰인간의 거래행위가 무효·취소 또는 해제된 경우에는 그러하지 아니하다.

제11조(중개대상물확인·설명서 교부) 개업공인중개사는 중개대상물 확인·설명서를 작성하고 업무보증관계증서 (공제증서등) 사본을 첨부하여 _____년 _____월 _____일 임대인과 임차인에게 각각 교부한다.

[특약사항]

상세주소가 없는 경우 임차인의 상세주소부여 신청에 대한 소유자 동의여부(□ 동의   □ 미동의)

※ 기타 임차인의 대항력·우선변제권 확보를 위한 사항, 관리비·전기료 납부방법 등 특별히 임대인과 임차인이 약정할 사항이 있으면 기재

- [대항력과 우선변제권 확보 관련 예시] "주택을 인도받은 임차인은 _____년 _____월 _____일까지 주민등록(전입신고)과 주택임대차계약서상 확정일자를 받기로 하고, 임대인은 _____년 _____월 _____일(최소한 임차인의 위 약정일자 이튿 날부터 가능)에 저당권 등 담보권을 설정할 수 있다"는 등 당사자 사이 합의에 의한 특약 가능

본 계약을 증명하기 위하여 계약 당사자가 이의 없음을 확인하고 각각 서명날인 후 임대인, 임차인, 개업공인중개사는 매 장마다 간인하여, 각각 1통씩 보관한다.   년   월   일

임대인	주 소							서명 또는 날인㊞
	주민등록번호			전 화		성 명		
	대 리 인	주소		주민등록번호		성 명		
임차인	주 소							서명 또는 날인㊞
	주민등록번호			전 화		성 명		
	대 리 인	주소		주민등록번호		성 명		
중개업자	사무소소재지			사무소소재지				
	사 무 소 명 칭			사 무 소 명 칭				
	대 표	서명 및 날인	㊞	대 표	서명 및 날인			㊞
	등 록 번 호		전화	등 록 번 호			전화	
	소속공인중개사	서명 및 날인	㊞	소속공인중개사	서명 및 날인			㊞

법무부   국토교통부   서울특별시

특약란에는 무엇을, 어떻게 써야 할까?

- 월세 정산 방법을 미리 특약으로 정해 놓는 것도 좋다. 계약 기간이 끝나 이사를 갈 때 월세를 내는 날짜와 맞지 않을 수 있는데, 간혹 15일이 넘으면 한 달분으로 계산한다거나 월세 지급일에서 하루만 초과해도 한 달분으로 계산한다고 하는 집주인이 있기 때문이다. 특약이 따로 없다면 월세는 일반적으로 '일수의 비율'에 따라 계산한다. 특약에도 이에 준하도록 명시하자.

- 근저당, 가등기, 가압류 등의 문제가 발생하는 경우 처리 방법과 해약 조건, 위약금에 관한 사항을 명시하는 것도 좋다. 또 이를 말소하겠다는 전제하에 계약을 할 경우 말소 일자도 정확히 기재한다.

- 잔금 지급일 이전에 또 다른 권리관계를 설정하지 않도록 기재하고, 이를 어길 경우 "계약 파기로 본다"는 등의 책임 관계도 명시하자.

- 계약 기간 중간에 나가도 된다고 합의가 되었다면 보증금 반환 시기와 중개 수수료를 누가 부담해야 할지 등도 명시하자.

- 단독주택이나 다가구주택인 경우 전기세와 수도세가 통합으로 나오는 경우가 많다. 계산 방법이나 고지서 확인 여부를 명시하고, 청소비 등으로 따로 관리비를 받는지도 확인해서 명시하자.

- 사는 동안 발생하는 집의 하자에 대해 어디까지 세입자가 해결하고 어디까지 집주인이 해결해야 하는지에 대해서는 특히 분쟁이 많은 부분이다. 이런

실랑이를 막으려면 계약서를 작성할 때 특약으로 책임 소재를 분명히 합의해 두는 것이 좋다(사소한 것을 제외한 집의 주요 설비는 집주인이 수리 및 교체 비용을 부담한다. 99-101쪽 참조).

- 원룸의 경우 집주인이 비치해 놓은 가구나 물품들이 있다면 이를 명문화해 두자. 계약이 끝나고 이사를 갈 때 세입자의 물건과 원래 있던 물건을 구분하지 못해 분쟁이 발생하는 경우가 있기 때문이다.[9]

- 법적인 효력이 있으려면 애매한 표현이나 다의어는 쓰지 않고 책임 소재를 분명히 하며 구체적으로 쓰는 것이 중요하다. 가령 도배를 해주기로 했다면 전체 도배인지, 부분 도배인지, 부분 도배라면 어느 부분을 도배하는 것인지 등을 확실히 명시한다.

특약 문구 예시

- 임대인은 잔금 지급 기일인 __년 __월 __일까지 (   )의 시설에 대한 수리를 완료하고 약정한 수리 완료 시기까지 수리하지 않은 경우 임차인은 임대인에게 지급해야 할 보증금 또는 차임에서 필요한 수리비를 공제해서 수리를 완료한다.

- 임대인과 임차인은 계약 존속 중에 발생하는 임차 주택의 수리 및 비용 부담에 관하여 다음과 같이 합의한다. 난방, 상·하수도, 전기 시설 등 임차 주택의 주요 설비에 대한 노후 불량으로 인한 수선은 임대인이 부담한다. 임차인의 고의·과실에 기한 파손, 전구 등 통상의 간단한 수선, 소모품 교체 비용은 임차인이 부담한다.

계약 당일 9

계약서를 쓰는 날의 풍경은 이렇다. 중개사를 가운데 두고 중개사무소에 세입자와 집주인이 둘러앉는다. 각각은 신분증과 도장을 들고 있다. 중개사가 계약서와 함께 몇 장의 복잡해 보이는 서류 뭉치를 펼친다. 그리고 계약서를 한 장씩 넘기면서 세입자에게 설명을 쏟아 낸다. 집 주소, 등기부등본 상태, 계약 금액과 잔금 날짜 등을 조목조목 짚은 후 중개사가 말한다. "자, 이제 다 확인하셨으면 도장 찍으세요."

이런 상황에서 혼자 찬찬히 계약서를 점검해 보기는 쉽지 않을 것이다. 대부분의 경우 계약 당일 계약서를 꼼꼼히 확인할 여유는 없다. 하지만 계약서를 쓰는 이 시간은 잠깐이지만 그 집에서 내가 살 기간은 최소 2년이다. 2년을 위해서라면, 심호흡 한 번 크게 하고 계약서의 내용을 하나하나 깐깐하게 확인하자.

❶ 집주인의 인적 사항

계약서와 등기부등본상 집주인의 신상, 집주인이 제시한 신분증, 계약금과 잔금을 보낼 통장의 명의자가 일치하는지 확인한다. 계약을 할 때는 반드시 등기부등본상 갑구에 나오는 실소유주와 계약해야 하며, 신분증 확인은 기본이다.

실소유주가 아닌 대리인이 나왔을 경우에는 대리인의 신분증, 인감증명서, 집주인이 작성한 위임장을 확인해야 한다

(인감증명서의 인감도장과 위임장의 도장이 같아야 한다). 또 실소유주와 통화 등을 통해서 확인 절차를 거치는 것도 좋다. 위임장 없이 실소유주가 아닌 사람과 맺은 계약은 원칙적으로 무효이며, 대리하러 온 사람이 실소유주와 부부간이든 부자지간이든 법적인 대리권은 없다.

소유자가 미성년자인 경우 법정 대리인의 동의서를 확인해야 한다.

❷ 주소

계약서상의 주소가 등기부등본상 주소와 일치하는지 확인한다. 번지수뿐만 아니라 동호수까지 정확히 봐야 한다.

❸ 계약 내용과 특약 문구

계약 내용에서는 다음 사항을 꼭 확인하자 .

계약금과 잔금

계약 날짜와 잔금 지불 날짜

계약 기간, 계약 연월일

계약 위반시 배상 문제

또 사전에 협의한 특약이 제대로 명시되어 있는지도 확인하자.

나와 협의하지 않았는데 집주인의 요청으로 내가 모르는 특약이 들어 있는

경우도 있다. 이런 특약이 들어 있다면 그 특약이 의미하는 바가 무엇인지

정확히 물어보고, 협의해 줄지 여부를 생각해 수용하거나 재협상해야 할 것

이다.

❹ 계약금 입금

집을 계약할 때는 가급적 입출금 기록이 남는 인터넷 뱅킹으로 돈을 거래

하는 것이 좋다. 계약금은 양측이 서명을 완료한 후 바로 입금할 수 있도

록 미리 은행에서 1일 이체 한도를 늘려 놓자. 사정이 있어 현금으로 거래

해야 한다면, 공인중개사가 있는 자리에서 현금을 주며 집주인에게 금액

을 직접 세어 보도록 하자. 또 영수증도 반드시 받아 둔다.

계약금은 보증금의 10%면 충분하며 가급적 적게 거는 것이 세입자에게

유리하다. 사정이 생겨 입주를 못하게 되면 돌려받기 어렵기 때문. 현재

살고 있는 집의 계약금 수준에 맞추는 것도 좋다.

⑤ 기타 유의 사항

- 금액은 위조가 어렵도록 한글, 한문 등으로 적되, 여백을 두지 않고 붙여서 적는다. 아라비아 숫자는 병행해서 표기해도 된다.

- 월세에 대한 부가가치세를 임차인이 부담하기로 하는 경우, 월세란에는 부가가치세를 포함한 금액을 기재하고, 선불인지, 후불인지 여부도 확실히 적어 둔다. 또 월세 이외에 임차인이 부담할 관리비가 있는 경우 이를 구체적으로 기재한다.

- 계약서의 내용 중 일부 문구를 정정하는 경우에는 적색으로 두 줄을 그어 지우고 정정 내용을 기재한 후 쌍방이 정정 날인을 해야 한다.

- 도장이 없다면 서명과 지장을 함께 할 수도 있다. 계약서가 두 장 이상인 경우 각 장의 접속 부분에 쌍방이 걸침 도장을 찍는다.

- 일시불로 하거나 중도금이 없는 경우 '해당 없음' 표시를 꼭 한다.

- 확정일자를 받아 둔 전세 계약서는 반드시 보관해 둬야 한다. 주택이 경매에 넘어갔을 때 배당 요구를 하려면 계약서가 필요하기 때문이다. 확정일자를 날인하더라도 그 계약서 내용에 대해서는 어떤 자료도 남겨 두지 않기 때문에 계약서 원본이 없으면 자신의 권리를 증명할 길이 없다.

정신없는 이사 날, 이것만은 해치우자 10

대망의 이사 날. 큰 짐과 큰돈이 오가며 하루 종일 정신없는 날이다. 이사를 위해 꼭 해야 할 일들을 시간 순으로 체계화해 차근차근 해결해 나가자.

30일 전

- 내가 가진 큰 짐들 가운데 버릴 것들을 체크하고 내 이삿짐 규모를 파악한다.
- 이삿짐센터를 선정해 예약한다.
  가격은 상당히 표준화되어 있어 차이가 크지 않다. 다만, 포장 이사의 경우, 견적을 내는 사람과 이삿짐을 옮기는 사람은 다른 경우가 많기 때문에 표준화된 계약서를 미리 체결하는 것이 좋다. 또 점심값을 둘러싸고 서로 얼굴 붉히는 일이 생기지 않도록, 이를 이사 비용에 포함시킬지 여부를 미리 협상해 두는 것도 좋다.

- 사다리차 이용시 주의할 점

지금 살고 있는 곳이 1층 이상의 엘리베이터 없는 빌라이거나, 엘리베이터가 있어도 고층 아파트라면 사다리차 비용이 추가된다. 사다리차는 8만 원이 기본비용으로 층수와 이용 시간에 따라 조금씩 차이가 있다. 지금 사는 곳과 이사 갈 곳 모두 사다리차를 사용해야 하는지 확인하고 이사비용을 협상해 보자. 단, 이삿짐 업체가 짐의 규모와 층수만 보고 사다리차를 제안하는 경우가 많은데, 미리 진입 도로 상황이나 창의 크기 등을 확인해 두고, 업체에도 이사 갈 곳의 구조를 알려 줘야 한다. 도로나 창문이 사다리차 이용이 불가능할 경우 사다리차를 불렀다 비용만 지불하고 못 쓰는 경우도 있으니 주의하자. 또 아파트의 경우, 이사 갈 곳의 관리사무소에 문의해 보면, 엘리베이터를 이용할 수 있으며, 이사철에만 10만 원 정도를 내곤 한다.

- 새로 들여놓을 물건을 체크하고 이사 날짜에 맞춰 미리 주문해 둔다(냉장고, 세탁기, 가스레인지, 침대나 옷장 등).

7일 전

- 공인중개사에게 전화해 이사 날짜를 재확인해 둔다.
- 각종 통장과 신용카드 주소를 변경한다.

- 큰 가구나 텔레비전 등 대형 폐기물을 정리하자. 주민센터를 방문해 비용을 지불하면 신고필증을 발급해 주는데, 이를 부착해 집 앞에 두면 수거해 간다. 최근에는 인터넷으로도 '대형 폐기물 신고'를 할 수 있게 되었다. 또 무상인데다 직접 내놓지 않아도 되는 서비스도 있다. 환경부에서 운영하는 폐가전 문전 수거 서비스를 이용하면 된다(전화 1599-0903이나 폐가전 수거 예약센터 www.edtd.co.kr에서 미리 예약할 수 있다. 단, 훼손되지 않은 가전제품에 한해 무료이며, 서비스 대상이 아닌 지역도 있다).
- 신문, 우유 등의 배달을 중지하거나 배달지를 변경한다.
- 새로 들여놓을 물건의 배송일을 재확인한다.

3일 전

- 이삿짐센터에 연락해 이사 날짜와 시간을 재확인해 둔다.
- 이사 할 집을 방문해 도면을 그려 온다(이때 전기콘센트 위치를 표기하는 데 유의한다). 이에 따라 가구 배치를 미리 생각해 두면 이사 날의 혼잡을 덜 수 있다.
- 도시가스를 철거하거나 새로 설치해야 할 경우 예약해 둔다.
- 전입신고는 이사 후 14일 이내에 하도록 되어 있으나 이사 전 미리 하는 것도 좋다(82-83쪽 참조).
- 잔금 준비.

하루 전

- 냉장고의 남은 음식을 처리한다.
- 귀중품을 따로 보관한다. 포장 이사라 하더라도 타인에게 보이고 싶지 않거나 중요한 짐들은 미리 싸두는 것이 좋다. 속옷, 중요 서류, 도장, 깨지기 쉬운 고가의 물건 등은 직접 챙기자.
- 이사 전에 예정된 이사 비용을 비롯해, 만약의 경우 추가로 치러야 할 비용을 감안해 이사 당일 지불할 현금을 미리 찾아 두자.
- 잔금 기일 직전에 등기부등본을 다시 한 번 떼어 확인한다.

당일

- 퇴거 부동산 방문
  공과금과 관리비 정산, 보증금 돌려받기, 이삿짐 빼기. 되도록 이 순서를 지킨다.
- 입주 부동산 방문
  중개사와 새로 들어갈 집을 방문해 파손된 물건이 없나 재확인한다.
  이전 세입자가 정산해 준 공과금과 관리비를 정산해 받는다.
  잔금을 집주인 계좌로 송금하고 중개사에게 중개수수료를 지급한다.

- 이삿짐 풀기

  물건의 파손 및 분실 여부를 확인한다.

  업체에 되도록 모든 설비를 최대한 설치해 달라고 부탁한다. 커텐, 세탁기 설치부터 못질까지 웬만한 작업은 이날 다 해버리는 것이 좋다.

  이사 비용 지급.

- 주민센터를 방문해 전입신고를 하고 확정일자 도장을 받는다.

장기수선충당금을 챙기자

오피스텔이나 아파트에 산다면, 장기수선충당금의 존재를 알아두자. 아파트 같은 공동주택의 경우 장기수선 계획에 따라 주요 시설의 교체 및 보수에 필요한 금액을 매월 일정액씩 갹출해서 보관해 두는데, 대부분의 세입자들은 그 존재조차 모르고 있는 경우가 많다. 300세대 이상의 공동주택, 승강기가 설치된 공동주택, 중앙집중식 난방이나 지역난방 방식을 하고 있는 공동주택 등일 경우 장기수선충당금을 적립해 놓게 되어 있다. 문제는 지불 주체가 집주인인데, 매월 세입자 관리비에서 빠져 나간다는 데 있다. 세입자는 계약 만료시 집주인에게 장기수선충당금 지급을 요구할 수 있는 권리가 있다. 관리사무소를 방문해 내역을 요청하거나 집주인에게 금액을 청구하면 된다. 미처 챙기지 못하고 이사를 왔더라도 (민법상 채권 청구권은 10년이기 때문에) 10년 안에만 금액을 확인해 청구하면 된다.

이사의 하이라이트,
전입신고와 확정일자

대항력이란, 세입자가 제3자, 즉 집이 다른 사람에게 양도되거나 매각될 경우 새로운 집주인에게 임대차의 내용을 주장할 수 있는 법률상의 힘을 말한다. 새 주인이 나타나더라도 세입자는 임대 기간이 끝날 때까지 거주할 수 있고, 또 임대 기간이 만료되더라도 보증금 전액을 반환받을 때까지 임대차의 내용을 주장할 수 있다.

예를 들어, 이사해서 잘 살고 있는데 집주인이 나 모르게 집을 팔고 잠적해 버렸다. 새 집주인은 세입자가 있다는 소리는 못 들었다며 본인이 들어와 살겠으니 나가라고 한다. 대항력은 바로 이런 상황에서 세입자가 주장할 수 있는 권리다.

꼭 기억해야 할 것은 임대차계약을 한다고 해서 자동으로 대항력이 생기는 것은 아니라는 것이다. 이를 위해서는 실제로 그 집에 이사를 하고 전입신고를 해야 한다. 그러니 이사 직후 전입신고는 필수! 전입신고를 한 다음날 0시부터 대항력이 생긴다. 대항력이 있어야 우선변제권이 생기는데, 우선변제권은 하루라도 빨리 갖추는 게 세입자에게 유리하기 때문이다(139쪽 참조). 따라서 이사 날 아무리 힘들어도 이사 당일, 주민센터를 찾아 전입신고를 하는 게 좋다.

대부분은 이때 확정일자도 받는다. 확정일자란, 계약서상 일자에 완전한 증거력을 부여하는 법률상의 일자로 공적인 기관에 이를 등록하고 그 증거로서 확인 도장을 받아두는 것을 말한다. 살고 있는 집이 경매나 공매에 넘어갈 경우, 확정일자를 갖춘 세입자는 보증금을 돌려받을 때 우선변제권을 갖게 된다. 참고로 확정일자는 이사 날짜와 상관없이 계약서를 작성한 후 바로 받을 수 있다. 전입 전에 확정일자를 받는 경우 법원 등기소 또는 공증사무소를 이용하면 된다.

관공서 업무 시간이 끝났을 때 전입신고 하는 법

다음날 전입신고를 해도 되지만 전입신고는 하루라도 빠를수록 세입자에게 유리하다. 인터넷으로는 24시간 전입신고가 가능하니 시도해 보자. '정부민원포털 민원 24' 홈페이지에서 전입신고를 할 수 있다. 단 공인인증서가 필요하고 인터넷 전입신고는 한 달에 한 번만 이용할 수 있다(주민센터에 직접 가서 하는 전입신고는 횟수에 제한이 없는데, 인터넷 전입신고는 한 달에 한 번으로 제한되어 있다). 개인 사정으로 한 달 내에 이사를 여러 번 할 경우 유의하자.

정부민원포털 민원 24 www.minwon.go.kr

3장

사는 동안

드디어 '즐거운 나의 집'에 짐을 풀었다. 그런데 계약하기 전에는 미처 알아차리지 못했던 문제들이 하나둘씩 본색을 드러내기 시작한다. 게다가 오랜 병력을 가진 집들은 계절 변화에 따라 병의 형태도 가지가지다.

여름에 비가 오면 벽을 타고 물이 줄줄 흘렀어요. 가구랑 옷에 곰팡이가 다 피고 심지어 싱크대 안의 간장병에도 곰팡이가 피더라고요. 여름에는 거의 한증막이 따로 없어요. 또 겨울엔 보일러를 틀어도 허연 입김이 나올 정도였고요. 새미, 22세, 독립 2년차, 보증금 500/월세 45만 원

결로가 심한 집엔 필연적으로 곰팡이가 서식하는데, 이는 제습기로도 해결하기 힘든 경우가 많다. 방습 공사를 제대로 하지 않은 집이었지만 겨울에 집을 보고 이사를 했기 때문에 여름에 어떤 일이 벌어질지 예상하지 못했던 것이다.

장롱이 어딨어요. 원룸에서 다들 많이 쓰는 행거를 썼죠. 거기 걸어 놓은 옷에 곰팡이가 피기 시작하더니 책장까지 번지더라고요. 그때까지 유니폼을 입어서 옷이 많지 않았는데 곰팡이 때문에 입을 옷이 없었어

요. 요리 좀 해보고 싶어 큰맘 먹고 샀던 도깨비방망이랑 그릇에도 마찬
가지고요. 하윤

비가 오는 것도 아닌데, 알 수 없는 물이 벽을 타고 흘렀어요. 그게 벽지
로 스며 나오는 거예요. 철문도 결로 때문에 녹이 슬어서 페인트가 벗겨
지고요. 제습기 당연히 틀었어요. 그런데도 소용이 없더라고요. 겨울에
물을 끓이면 화장실 거울에 수증기가 맺혀서 집 안 전체가 사우나가 돼
요. 여름에 물 먹는 하마를 갖다 놓으면 하루 이틀 만에 찰랑찰랑 물이
넘칠 정도였어요. '어머! 여기도 곰팡이네, 어머! 여기도 곰팡이네' 그러
고 살았죠. 재민, 27세, 독립 6년차, 보증금 2천/월세 40만 원

지하생활자 곤충기를 써도 될 정도의 집에 살다 보면 바퀴벌레 말고도
먼지다듬이, 곱등이 등 듣도 보도 못한 해충들에 대한 지식이 저절로 쌓이
기도 한다.

먼지다듬이라고 습한 데 사는 아주 조그만 벌레들이 있어요. 이게 진짜
습기가 마를 때까지 없어지지 않는, 세스코에서도 못 잡는 거더라고요.
이게 항상 욕실에 상주하는 거예요. 처음엔 뭔지 모르고 그냥 습해서 벌
레가 있나 보다 생각했죠. 아주 작아서 그다지 문제가 없어 보였거든요.
그것 때문에 항상 그릇을 깨끗하게 씻어 놓곤 했는데, 그렇게 1년을 사
니까 점점 스트레스가 되는 거예요. 나중에 찾아보니까 정신병을 유발

할 정도로 굉장한 해충이더라고요. 제 눈도 나빠지고 기관지도 안 좋아지고 우울증도 오고, 정말 힘들었어요. 규원

겨울엔 추운 게 제일 힘들었는데, 따뜻해지니 그때가 그나마 나았다는 생각이 들더라고요. 추울 땐 바퀴벌레는 안 나오니까요. 어느 날은 새벽에 뭔가 바삭거리는 소리가 너무 거슬려서 불을 켜봤더니 벽에 이만한 게 붙어 있더라고요. 소리를 따라가 보니 벽걸이 에어컨에서 나는 소리였어요. 그 벽걸이 에어컨 설치할 때 뚫는 구멍 있잖아요. 거기서 벌레 더듬이 소리가 들렸어요. 약을 뿌려서 도망가면 잡으려고 했는데 그 옆에 벽지 들뜬 데에서 바퀴벌레 다섯 마리가 순식간에 사방팔방으로 흩어져 버렸어요. 그걸 잡으려고 온 집 안을 뒤졌죠. 태영

때로는 벌레들과 공생하는 삶에 익숙해진 나머지 벌레 '따위는' 크게 개의치 않는 적응력을 갖게 된 이들도 있다.

이 집에 살면서 벌레에 대해서는 크게 개의치 않게 된 거 같아요. 좋은 일이라고 생각해야겠죠? 나쁜 일은 아니죠. 그전까지는 크건 작건 너무 무서워서 정말 꼼짝도 못했거든요. 이 집에는 집그리마가 시도 때도 없이 나왔어요. 나중에는 집그리마도 나를 좋아하는 거는 아니구나 하는 생각이 들었어요. 얘네는 깜깜한 데를 좋아해요. 그래서 불을 켜면 쏜살같이 도망가더라고요. 그게 왠지 안쓰러워 보였어요. 아름, 38세, 독

지나치게 좁은 공간이 주는 압박감도 대부분의 세입자들이 견디기 힘들어 하는 부분이다. 새미는 집의 크기가 마치 지금 자신의 삶의 크기처럼 느껴졌다고 말한다.

아무래도 집이 작다 보니 활동 반경이 작아져요. 여유가 없어지고 그 공간에 눌리는 것 같은 느낌이 들죠. 예전에 하숙집에선 슈퍼 싱글 침대에서 둘이 자고 책상 하나 같이 쓰고 그랬어요. 침대에 누우면 천장이 한눈에 보였어요. 이게 내 삶의 크기구나, 진짜 작구나 그런 생각이 들더라고요. 일단은 제가 사는 공간을 임시적인 공간, 그러니까 잠시 거쳐 가는 곳으로 생각했어요. 계속 이렇게 살고 싶진 않으니까요.   새미

하윤은 반지하에서 곰팡이와 누수로 고생하면서 집의 상태와 삶의 질이 비례한다는 걸 절감한다. 집보다는 밖에 있는 것이 더 좋아졌고 열악한 주거 환경으로 인한 스트레스는 생활의 다른 부분에도 영향을 미쳤다.

집은 인권이다. 이런 얘기가 있더라고요. 와, 맞다! 내 삶의 질이 뚝뚝 떨어지는 데서 살고 있으니까 그 말이 그렇게 공감 갈 수가 없더라고요. 호흡이 곤란하고 정신이 이상해지는 거 같은, 그런 집에 사니 없던 병도 생기겠다 싶었죠. 정신 건강이 정말 안 좋아졌어요. 그때 생활 습관이

완전히 바뀌었죠. 사람들이 만나자고 하면 무조건 오케이 했어요. 그 집에서는 잠시라도 있고 싶지 않았거든요. 글도 잘 안 써지고 당시에 친했던 사람하고도 완전히 관계가 틀어졌어요. 하윤

집이 아픈 이유는 애초에 그 집이 사람 살 것을 고려해 제대로 지은 집이 아니기 때문이다. 쉽게 바꾸기 힘든 구조나 집의 태생이 문제일 경우 이사를 나가는 것 말고는 답이 없는 경우가 많다.

한 층을 개조해서 제 집이랑 옆집을 갈라놓은 집인 것 같았어요. 컨테이너 박스로 제 집 쪽에 가벽을 놔서 방 앞에 억지로 통로를 만들고 거기에 가스레인지를 놔서 부엌이라고 해놓은 거더라고요. 그 컨테이너와 시멘트의 이음새가 좋지 않아서 그 사이로 겨울에는 찬기가 스며들고 여름에는 곰팡이와 해충이 기승을 부렸어요. 진현

곰팡이가 벽을 덮는 바람에 그걸 닦느라고 벽지를 뜯었다가 스티로폼에 벽재를 바른 가벽을 발견했어요. 집주인이 월세 수입을 올리려고 원래 있던 집을 원룸으로 불법 개조한 거였어요. 왜 그렇게 방음이 나빴는지 그제야 이해가 됐어요. 신치

집의 구조가 되게 신기했어요. 화장실 벽이 옆집이랑 완전히 차단되어 있질 않았어요. 화장실에서 대화도 할 수 있을 만큼 틈이 있더라고요. 정

말 황당했죠. 옆집에서 용변 보는 소리까지 들리고 밤에는 온갖 욕설이 들리더라고요. 이사한 첫날 저녁에 그 모든 사실을 깨달았죠. 　　이름

이런 집들의 구조적 문제는 집주인이 해결해 줘야 할 의무가 있다. 하지만 상식이 통하는 집주인을 만나기도 쉽지는 않다.

누수가 심해서 집주인 할아버지랑 넉 달을 싸웠어요. 집에 수도세가 5만 원씩 나오는 거예요. 물을 아무리 많이 써도 그렇게 쓰겠어요? 집주인에게 누수가 있는 것 같으니까 탐지해 달라고 했는데 안 해주더라고요. 그때 저희 학교에 중국 유학생이 많아서 이웃에 중국인이 살았거든요. 집주인이 중국 애들은 더러워서 잘 안 씻으니까 물 값이 많이 안 나오는데, 너희 둘은 여자애들이라 만날 씻어서 수도세가 그렇게 나오는 거라고 하시는 거예요. 그러다가 직접 와서는 변기 뚜껑을 열어 보기도 하고, 관을 만지작거리기도 하고, 여기저기 몇 달에 걸쳐 직접 체크를 하셨어요. 저희는 전문가가 필요하다고 생각했지만 고쳤다니까 그런 줄 알 수밖에요. 그런데 고지서를 받아 보니 요금은 똑같았어요. 　　진현

세입자의 집을 내 집처럼 생각하거나 세입자를 자식(?)처럼 생각하는 집주인들도 종종 있다.

주인아저씨가 위층에 사셨는데, 프라이버시 개념이 정말 없으셨어요.

그날도 짐을 들고 나가다가 아저씨를 만났어요. "학생 어디 가" 해서 집에 잠시 갔다 올 거라고 하니까 오래 비우냐고 묻더라고요. 며칠만 갔다 올 거라고 했어요. 그런데 제가 예상보다 일찍 돌아와 집에서 자고 있었어요. 아침 7시가 안 된 시간이었죠. 그때 현관문이 덜컥덜컥 하는 소리가 들리는 거예요. 너무 깜짝 놀랐어요. "누구세요?" 그랬더니 아저씨가 "학생 있어?" 그러는 거예요. 아저씨도 놀래시더라고요. "아저씨 왜 오셨어요?" 하니까 "학생이 집 오래 비운다고 해서 집에 문제없나 보러 왔지" 그러는 거예요.

어느 날은 문이 안 열리는 거예요. 자물쇠가 위아래 두 개였는데 밑에는 저희가 안 잠그고 다녔거든요. 아래 자물쇠 열쇠를 받은 적도 없고요. 한 시간 동안 추위에 떨다가 안 되겠다 싶어 주인아줌마한테 전화를 했더니 "어제 집에 들어갔다 나오면서 잠궜나 봐" 이러시는 거예요.

그 분들은 우리가 없을 때 집에 드나드시는 게 숨길 일도 아니었어요. 거긴 자기 집이고 자기들이 관리한다고 생각하시는 거죠. 그래도 뭐라 할수 없었죠. 보증금 500만 원에 월세 20만 원으로는 절대 구할 수 없는 그런 집이었거든요. 다음 집을 구하지 못했다면 아마 여전히 거기 살고 있을 거예요.　　규원

같은 건물에 사는 집주인한테 사생활이 노출되고 간섭 받는 느낌이 들었어요. 들고나는 시간도 노출되고 쓰레기 버릴 때도 제가 버린 술병을 봤는지 한마디 하시는데 좀 불편했어요. 집주인 입장에서는 세입자 생

활 방식이 마음에 안 들 수도 있는데, 그럴 때 재계약 문제가 신경 쓰이더라고요. 진현

겨울에 수도가 동파됐어요. 집주인이 제가 물을 안 틀어 놔서 그렇게 된 거니까 알아서 하라고 해서 계속 옥신각신 하던 중이었어요. 어느 날 집에 가니까 방바닥에 신발 자국이 찍혀 있는 거예요. 알고 보니까 집주인이 들어왔던 거예요! 아무리 집 소유자고 열쇠가 있어도 제가 살고 있는 공간인데 이건 가택 침입이잖아요. 하윤

집의 중요한 기능 중 하나는 외부로부터의 '안전'이다. 몇몇은 집주인 외에도 낯선 이의 침입으로 실제로 위험한 상황에 노출되었던 경험이 있었다.

현관문이 철문 같은 것도 아니고, 다른 잠금장치가 있는 것도 아니고, 그냥 방문 같은 거였어요. 누구나 나쁜 마음먹고 열고자 하면 열 수 있는 그런 문이요. 그러니 절대 편안하게 있을 수가 없더라고요. 게다가 옆집 남자한테서 계속 성희롱 문자가 오고, 밤에 자꾸 문을 두들기면서 뭐하냐고 묻고 그랬어요. 거기 조잡한 시트지가 붙어 있긴 했는데 빛이 새어 나오니까 집에 있는지 없는지가 바로 노출이 돼서 정말 곤란했죠. 진현

그때는 현관문도 맘만 먹으면 금방 열 수 있는 그런 문이었어요. 한밤중

에 누가 문을 열어 달라고 하더라고요. 그래서 누구냐고 했더니, 자기가 방송국 피디인데 인터뷰를 하고 싶다고 그러는 거예요. 그래서 제가 프라이팬을 한 손에 들고, 당신을 믿을 수가 없다, 문을 열어 줄 수 없다, 이러면서 경찰에 신고를 했어요. 평소에 저를 지켜봤고 제가 혼자 산다는 걸 아는 사람 같았어요. 그 뒤로는 잘 때 베개 밑에 칼을 두고 잤어요. 여차하면 뛰어내려야 하니까 베란다에도 항상 신발을 뒀고요. 잠을 제대로 잘 수가 없었죠. 해미

하지만 잠재적인 위험에 노출되어 있다고 해서 항상 불안과 걱정 속에 떨고 살 수만은 없는 일. 아름의 담담한 태도는 그냥 얻어진 것이 아니다.

걱정이긴 한데 그런다고 뭐가 예방되는 것도 아니잖아요. 밤중에 혼자 다니면 무섭고 그렇잖아요. 그때 저는 늘 최악의 경우를 상상했어요. 이러다가 누구한테 끌려가서 성폭행이라도 당하면 어떡하나. 그러면서 내가 그 상황을 견딜 수 있을까 없을까 생각해 봤죠. 실제로 안 겪어 봐서 자신할 수는 없겠지만 견딜 수 있겠더라고요. 무엇보다 내 잘못이 아니고, 사람 살면서 언제고 무슨 일이 생길 수 있는 것이고. 불안에 떨면서 내가 하고 싶은 걸 못하거나 주저하게 되는 상황은 좀 아니라는 생각이 들었어요. 그런 집에 살면서 얻게 된 소득이라고나 할까요. 아름

관리비가 투명하지 않다고 생각한 태영은 사람을 모으는 전략을 택했다.

옆집에 수소문해 봤더니 다른 사람들도 수도세가 너무 많이 나온다고 하더라고요. 그래서 반상회를 조직했어요. 집주인이 그걸 알더니 우리를 불렀죠. '주모자'들을 소환한 거죠. (웃음) "엉뚱한 짓 하지 말고 나가라" 그러는 거예요. 그래도 우리는 가가호호 지라시를 돌리면서 "몇 호로 모여 주세요!" 해서 반상회를 했어요. 그때 대책회의 할 때 옆집 아줌마랑 친해지고 앞집 언니랑 술 마시러 나가고 그랬어요. 하지만 실제 한전에 물어보니, 집주인 동의 없이는 우리가 그걸 밝힐 수가 없더라고요. 그래서 그 문제는 흐지부지되어 버렸어요.　　태영

나중에는 좀 더 요령이 생기기도 한다.

주변에 물어봤더니 이사 가서 제일 먼저 고장 난 거 사진을 찍어 두라고 하더라고요. 또 하나 팁은 이사 오고 나면 하자 보수 안 해주려고 하니까 계약서 쓰기 전에 말하고 언제까지 고쳐 준다, 만약 고쳐 주지 않을 경우 내 돈으로 고치고 차감한다, 이렇게 계약서에 쓰라고 하더라고요.　　규원

집 나와서 산 지 얼마 안 되었을 때는 집주인한테 말도 못 꺼냈는데, 나중에는 요령이 생겼어요. 원래 이거는 기본 설비에 해당하는 거고 노후해서 이런 건데 왜 내가 돈을 내야 되냐며 주인한테 수리비 빼고 월세 붙인다고 통보하기도 했어요. 몇 번 해보니까 좀 귀여운 목소리로 통보하게 되었죠. (웃음) "월세에서 수리비 빼고 붙일게요. 괜찮죠?" 이러면서.　　태영

세입자 손자병법
_셋방살이 분투기 편

하자 보수는
누구 책임일까?

11

집주인과 세입자 모두 집을 '살 만한 상태'로 유지하기 위해 지켜야 할 의무가 있고, 이에 따라 각자 가진 권리가 있다. 무엇보다 세입자는 '선량한 관리자'로서 주택을 보존하고 이를 반환할 때는 '원상회복'하여 돌려줘야 한다. 하지만 이를 집주인이 원하는 대로 해줄 의무처럼 생각하는 이들이 많다. 그러나 이는 일반 관념상 계약 이전 상태로의 복구를 의미할 뿐, 주택의 통상적인 사용에 따라 자연적으로 소모되거나 더러워진 것에 불과한 경우 세입자는 원상 복구 의무를 부담하지 않는다.

한편, 집주인은 주택이 세입자가 살기에 적합한 상태가 되도록 유지해 줘야 할 의무가 있다. 따라서 집의 상태가 주거에 적합하지 아니할 경우 이를 수선할 의무를 진다(민법 623조). 하지만 어디까지가 주인의 책임이고 어디까지가 세입자의 부담인지에 대해서는 분쟁이 많은 부분이다. 우선 기본 원칙은 다음과 같다.

- 통상적으로 임차 주택의 주요 설비가 노후하거나 망가져 수선해야 할 경우 집주인이 부담한다(난방, 상·하수도, 전기 시설 등이 주요 설비에 해당한다).
- 세입자의 고의나 과실에 의한 파손, 간단한 수선, 전구 등의 소모품 교체 비용은 세입자가 부담한다.

의무를 다하지 않는
집주인에 대처하는 법

기반 시설이 고장 났는데도 집주인이 수리해 주지 않거나 수리비를 부담하지 않을 경우 우선 다음과 같은 방법을 써보자.

● 직접 전문가에게 알아보고 수리 방법을 통지하기

고장 난 곳을 수리해 줄 전문기술자에게 직접 수리비용과 방법을 알아보고 집주인에게 이렇게 수리를 하겠다고 이야기해 보자. 집주인이 직접 고치겠다고 나서는 것이 불편할 때도 유용한 방법이다. 구두로 이야기할 수도 있고, 자신의 조건에 따라 간단히 문서화해 요청하는 방법도 써볼 수 있다.

법률 용어의 힘 빌리기

법적으로 규정된 세입자의 당연한 권리, 집주인의 당연한 의무에 대해 이야기해 보자. 집주인은 그 사실을 몰랐을 수도 있고, 소송 같은 복잡한 일에 휘말리느니 수리비를 주겠다고 마음을 고쳐먹을 수도 있다. 법률 용어와 판례 몇 가지만으로도 효과를 발휘할 수 있다(104쪽 참조). 또 내용증명형식으로 집수리를 요청하는 방법도 있다.

월세나 보증금에서 제하기

집주인이 세입자의 말을 전혀 들어주지 않는다면 월세나 관리비를 보낼 때수리비를 빼고 보내는 방법도 있다. 하지만 이 방법은 부작용이 있을 수도있다. 나중에 이사 갈 때 집주인이 보증금에서 수리비를 제할 수도 있기 때문. 그때를 대비해 수리비 영수증과 관련 증빙 자료는 꼭 챙겨 두자.

이와 같은 방법이 통하지 않는다면 결국 외부의 공적 힘을 빌리는 수밖에없다.

- 소송은 상당한 시일과 노력이 소요되므로 우선은 서울시 간이분쟁조정제도나 민사조정법상의 조정 제도를 활용하자.
- 수리비가 막대하다면, 손해배상 청구 소송이 최후의 수단이다.

분쟁 예방법

- 서울시와 법무부에서 만든 주택임대차표준계약서를 이용하자.
  계약서의 제3조(입주 전 수리)와 제4조(임차주택의 사용·관리·수선)에
  집주인과 세입자가 부담해야 할 사항이 명시되어 있다.
- 계약 전에 중개 대상물 확인·설명서에 누락된 것이 없는지, 그 내용이
  정확히 확인되었는지 꼼꼼히 체크하고 서명하자. 누락된 부분은
  계약서상 특약으로 기재해 분쟁의 여지를 줄이자.
- 조금 쓰다가 고장 날 것으로 보이는 것들은 처음부터 사진으로 찍어
  두자. 계약 기간이 끝나고 이사를 갈 때 집주인이 시설물의 고장이
  세입자의 책임이라며 보증금에서 수리비를 임의로 제할 경우 증거
  자료로 제출할 수 있다.

세입자가 지켜야 할 의무

세입자 역시 지켜야 할 의무가 있다. 다음과 같은 경우 집주인은 세입자가
의무를 위반한 것으로 보고 계약을 해지할 수 있으며, 다른 말로 하면 세
입자는 다음 사항은 위반하지 않도록 해야 한다.

- 세입자가 월세를 2개월 이상 연체했을 때

- 세입자가 집주인 동의 없이 주택의 용도나 구조를 변경했을 때
- 세입자가 주택을 주거 이외의 용도로 사용했을 때
- 세입자가 임대인 동의 없이 집을 제3자에게 빌려주거나 담보로 제공했을 때

특히 마지막 사항은 '전대'에 해당하는 것으로 세입자가 전세나 월세로 계약한 집을 다시 남에게 빌려줄 수 없다는 뜻이다. 민법은 원칙적으로 임차권의 양도와 임차물의 전대를 허용하지 않기 때문이다(민법 제629조). 하지만 무엇이든 집주인의 동의를 받고 문서화한다면 가능할 수 있다.

수리비 분쟁시 활용할 법적 기준들

● 임차권(민법 제618조)

세입자는 임대차계약을 체결하고 비용을 지불하는 순간부터 그 집을 자신이 주거의 목적으로 사용할 수 있는 권리를 취득하게 된다. 따라서 집주인에게 계약 기간 동안 주거의 목적에 필요한 상태를 유지해 달라고 청구할 수 있는데, 이를 '임차권'이라 한다.

● 필요비 상환 청구권(민법 제626조 제1항)

세입자는 임대한 주택을 사용하는 데 적절한 상태를 유지하기 위해 필요한 비용('필요비')을 지출했을 경우, 비용이 발생한 즉시 집주인에게 그 비용을 청구할 수 있다. 이를 '필요비 상환 청구권'이라 한다.

● 판례

계약 목적물에 파손 또는 장해가 생긴 경우, 그것이 임차인이 별도 비용을 들이지 않고 손쉽게 고칠 수 있을 정도의 사소한 것이어서 임차인의 사용·수익을 방해할 정도의 것이 아니라면 임대인은 수선 의무를 부담하지 않지만, 그것을 수선하지 않으면 임차인이 계약에 의해 정해진 목적에 따라 사용·수익할 수 없는 상태로 될 정도의 것이라면 임대인은 그 수선 의무를 부담한다(대법원 1994.12.9. 선고94다34692).

난방 시설의 경우 임차인이 별 비용을 들이지 않고 손쉽게 고칠 수 있을 정도의 사소한 파손 또는 장해로 보기 어려우므로 임대인이 수선 의무를 부담한다. 계약 체결시 임대인의 수선 의무 면제 특약을 체결했다 해도, 면제되는 수선 의무의 범위를 명시하지 않았다면, 임차인이 부담하는 수선 의무는 통상 생길 수 있는 파손의 수선 등 소규모의 수선에 한하는 것이고, 대파손의 수리·건물 주요 구성 부분에 대한 대수선, 기본적 설비 부분의 교체 등과 같은 대규모의 수선은 이에 포함되지 않는다(대법원 1994. 12.9. 선고, 94다34692, 94다34708 판결).

사는 동안 계약 조건이 바뀔 때 주의할 점 12

중간에 집세를 올릴 때

법적으로 임대차 기간은 2년을 보장받는다. 즉, 이 2년 동안은 세입자만이 계약을 해지할 수 있을 뿐, 집주인은 맘대로 계약을 해지할 수 없다. 하지만 2년의 계약 기간이 끝나지 않았는데도 보증금이나 월세를 올리겠다며 계약 조건을 변경하는 것은 가능할까?

세입자 입장에서는 안타까운 일이지만 계약 후(혹은 이전에 차임을 증액한 이후) 1년이 지났다면 가능하다. 다만, 이런 계약 기간 내의 인상분은 기존 청구액의 5%를 넘지 못하도록 되어 있다(주택임대차보호법 제7조, 주택임대차보호법 시행령 제8조).

이럴 경우 세입자는, 반드시 증액 부분에 대한 계약서를 다시 작성하고 확정일자 역시 다시 받아야 한다. 증액 금액의 순위는 확정일자 순위에 따른다. 이때 처음 계약할 때 작성하고 확정일자를 받은 임대차계약서 역시 같이 잘 보관해 둬야 한다.

전세를 월세로 바꿔 달라고?
전월세 전환율부터 바로 알자

최근 은행 이율이 낮아지면서 집주인들 대부분이 전세 세입자에게 월세 전환을 요구하는 경우가 많아졌다. 집주인과 세입자 간의 협상을 통해 다양한 '월세+보증금' 조합이 가능하지만 계약 기간 내에 집주인이 무리한 월세를 요구할 경우 현행 전월세 전환율을 적용하자고 이야기해야 한다.

2015년 6월 11일 현재 전월세 전환율은 6%. 예를 들어, 보증금 중에서 1천만 원을 월세로 돌릴 때 연간 60만 원(월 5만 원)을 초과할 수 없다. 이는 '한국은행 기준금리(1.5%) × 대통령령이 정하는 배수(4배수)'라는 계산법에 따른 것이다. 주택임대차보호법에 따르면 기준금리의 4배수와 연 10% 중 낮은 값을 적용하도록 되어 있으니 집주인이 10%를 적용하려 한다면 이 법을 꼭 상기시키자.

하지만 이런 전월세 전환율 6%라는 조건은 임대차계약 기간 내에만 유지될 수 있고, 2년이라는 계약 기간이 지나면 주인의 의사에 따라 올릴 수 있는 것이 안타까운 현실이다.

집주인은 '맘대로' 집세를 올릴 수 있을까?

계약 이후 1년이 지났을 즈음, 집주인이 갑자기 돈이 필요하니 보증금을 1천 만 원만 올려달라고 연락을 해왔다. 계약 후 1년이 지나면 보증금의 5%까지 증액이 가능하니 세입자는 집주인이 어떤 이유로 집세를 올리더라도 순순히 따라야만 할까?

주택임대차보호법 제7조에 따르면, 집세를 올릴 수 있는 경우는 "월세나 보증금이 주택에 관한 조세, 공과금, 그 밖의 부담의 증감이나 경제 사정의 변동으로 인해 적절하지 아니하게 될 경우"에 한해서이다. 하지만 위의 사례를 보면 집세를 올리겠다며 든 이유는 집주인의 개인적 사정에 불과하다.

판례에 따르면 이 조항은 '사정 변경의 원칙'이나 '공평의 원칙'에 기반하고 있는 만큼 엄격한 요건 아래에서만 인정된다. 즉, 계약 당시 기초가 되었던 사정이 현저히 변경되었을 것, 그 사정 변경을 당사자들이 예견할 수 없었을 것, 그 사정 변경이 당사자들의 책임이 아닌 사유로 발생했을 것, 당초의 계약 내용에 현재 당사자를 구속시키는 것이 현저히 부당할 것 등의 요건이 충족되어야 한다(서울지방법원 1998. 12. 11. 선고98가합19149 판결). 따라서 집주인 개인 사정에 따라 임의로 집세를 올리는 것은 인정될 수 없다.

중간에 집주인이 바뀌었을 때

계약 기간이 끝나기 전에 집주인이 바뀌었다면 세입자는 새 집주인과 계약서를 다시 써야 할까? 또 새 집주인이 집을 비워 달라고 하거나 기존의 보증금이나 월세를 올리려 한다면 이런 요구에 응해야 할까?

세입자가 전입신고 후 실제로 주민등록상 거주하고 있다면, 새롭게 주택의 소유권을 취득한 새 집주인이 임대인의 지위를 승계한 것으로 보아 전 임대인과 동일한 권리와 의무를 갖게 된다. 그러므로 기존 계약서는 그대로 유효하며 다시 계약서를 작성할 필요가 없다. 또 새 집주인이 자신이 집을 샀다는 이유로 임대 기간이 남아 있음에도 집을 비워달라고 요구하거나 기존의 임대차계약서상의 전세보증금이나 임대료를 올리는 행위는 법적인 근거가 없는 것으로 세입자는 이에 응할 의무가 없다.

관리비 분쟁

수도·전기 계량기가 집집마다 따로 있지 않고 건물 전체로 나와요. 그래서 전체 요금을 사람 수대로 나눠서 알려주는데, 그게 너무 많이 나오는 것 같아요. 어떤 때는 수도세를 몇 만 원씩 낼 때도 있었어요. 내역을 설명해 주지 않으니 뭔가 억울하게 돈을 떼이는 기분이에요.

대부분의 경우 관리비 명목으로 내는 돈에 대해서는 집주인을 제외하고는 아무도 그 사용처를 모른다. 세입자 입장에서는 무엇을 관리하는지, 어떻게 관리하는지, 청구 내역은 무엇인지 알 수 없지만 매달 꼬박꼬박 내야 하는 돈이 바로 관리비다. 과연 자신이 합당한 관리비를 내고 있는지 따져 보고 싶은 세입자들은 다음 전략을 써보자.

- **관리비 내역 요청하기**

  귀찮아서 또는 금액이 크지 않아서 그냥 넘어가다 보니 이런 관행이 자리 잡힌 것일 수도 있다. 관리비 내역을 알려 달라고 요청하면 집주인이 의외로 쉽게 알려 줄 수도 있다. 집주인에게 말이라도 한 번 꺼내 보자.

- **이웃과 함께 고민하기**

  부당한 관리비가 나만의 문제는 아닐 것이다. 이웃과 관리비를 공유하고 서로 확인해 보자. 여차하면 집주인에게 공동 대응도 할 수 있다.

- **민원 넣기**

  불투명한 아파트 관리비가 사회문제로 부상하면서 최근 서울시에서는 '아파트 부조리 신고 센터'를 운영하고 있다. 역시 목소리를 내야 권리가 보장되는 법. 아직 일반 원룸이나 주택에 대해서는 이런 기관이 없지만, 이런 문제가 존재한다는 것을 끊임없이 알리는 것도 중요하다. 서울 시민이라면 120다산콜센터에, 그 외 지역에서는 시청이나 구청 민원실에 민원을 넣을 수 있다.

4장

벌써 2년,
떠돌이 생활 새로고침

서울에서만 한 해 160만 명이 짐을 싼다. 이 가운데 25~34세의 이동율은 25%로 가장 높다.[10] 그것이 세입자의 진정한 '선택'인 경우는 많지 않다. 집주인과의 갈등, 집세 인상, 집 자체의 하자 등 떠돌이 세입자가 정주할 수 없게 만드는 문제들은 너무 많다.

동파가 됐는데 집주인은 제 잘못이라며 안 고쳐 주겠다고 하고 그렇게 옥신각신 하던 때였어요. 어느 날 집에 들어오니까 마루에 발자국이 나 있는 거예요. 집주인인 것 같았는데, 어쨌든 경찰에 신고했어요. 경찰도 눈치를 챘죠. 사실 집주인이 집에 문제가 있을 때 들어올 수 있잖아요. 하지만 살고 있는 저한테 미리 이야기도 안 하고, 신발도 벗지 않고 안방까지 발자국이 찍힐 정도로 돌아다니는 게 말이 되나요? 게다가 집에서는 물이 벽을 타고 줄줄 흘렀어요. 두 번째 여름을 나면서 아, 진짜 여긴 사람 살 데가 아니다, 나가야겠다 결심했죠. 하윤

전 재산이나 다름없는 돈을 집에 묶어 둔 떠돌이 세입자들에게는 떠나는 문제도 간단치 않다. 문제는 보증금을 쥐고 있는 집주인의 전횡에서 시작되는 경우가 많다.

계약 끝나고 나갈 때 부동산 중개인이 영수증을 찍어 보내 줬어요. 방충망이랑 샤워기 교체 비용 등등 해서 50만 원을 달라고 하더라고요. 우리 들어갈 때 진짜 엄청 오래된 샤워기 하나 달려 있었거든요. 잘되질 않아서 새로 하나 사서 달았어요. 제가 엄청 아끼는 샤워기라 이사 갈 때 그건 가져가고 원래 있던 거 달아 놨죠. 근데 주인이 샤워기가 왜 이 모양이냐고 고장 난 거 아니냐고 묻는 거예요. 그거 이사 올 때 달려 있었던 거고 한 번도 안 쓰다가 다시 달아 놓은 거라고 했는데도 정산 영수증에 샤워기 교체 비용이 있는 거예요. 너무 기가 막히지 않아요? 태영

계약 만료 때 요금 정산을 하잖아요. 집에 와서는 '집이 더럽다. 청소할 사람 불러야겠다' 이러는 거예요. 그러니 2, 3만 원 정도 보증금에서 빼고 주겠대요. 끝까지 따졌지만 기어코 청소비용을 빼고 주는데 어쩔 수가 없더라고요. 하윤

가장 흔한 사례는 집세를 맘대로 올리는 경우다.

자동 연장으로 산 지 1년 정도 됐을 때였던 것 같아요. 집주인이 딸내미 유학 자금을 만들어 줘야 한다며 갑자기 나가라고 그랬어요. 1천만 원 올려 달래서 임대차보호법 얘기를 했더니 포기하더라고요. 주택임대차보호법에 의하면 원래 1년 지나면 약간 올려 받을 수는 있어요. 그런데 그게 상한선이 5%예요. 4천만 원의 5%면 200만 원인데 1천만 원이라

니 말도 안 되는 소리 하지 말라고 했죠. 아름

물론 가장 큰 문제는 보증금을 돌려주지 않을 때이다.

곰팡이 때문에 보는 사람마다 그 집에서 살면 안 된다고 했어요. 결국 이 사를 가기로 했죠. 근데 그렇게 하겠다고 통보하고 1년이 넘도록 집이 안 나갔어요. 주인이 최소한 노력하는 기미나 미안한 기색이라도 보였으면 모르겠는데 너무 당당하더라고요. 아름

결국 아름은 소송을 하게 된다.

원래 소송까지 갈 생각은 없었어요. 내용증명에서 끝나는 경우가 많으 니까요. 내용증명 같은 게 날아오면 대부분 긴장을 하잖아요. 근데 이 주인은 둘째가 사법연수원에 다니고 있었어요. 집에 법조인도 있겠다, 이런 일이 한두 번이 아닌 거예요. 그래서 결국은 소송까지 가게 된 거 죠. 저도 무서웠지만 집주인의 행태를 보니 도저히 당하고만 있을 수는 없었어요. 아름

소송 과정은 지난했다.

하루에 서너 번은 대법원 홈페이지를 들락거리면서 사건 내용을 조회했

어요. 사건 진행 내역에 한 줄이 추가될 때마다 심장이 철렁 내려앉았 죠. 그 어려운 법률 용어는 또 어떻고요. 저도 사회적으로 배울 만큼 배 웠다는 학력을 갖고 있는데도 그 세계 말들은 너무 낯설고 무서워 보였 어요. 내 전 재산을 부당하게 쥐고 있는 건 그쪽인데도 제가 마치 피의 자라도 된 것 같았어요. '평소에는 신경 쓰지 말자' 하고 단단히 마음을 먹었는데도 정신 차리고 보면 어느새 온갖 검색 사이트에서 '보증금 반 환'을 검색하고 있는 거예요. 정말 그 기간이 조금만 더 지속됐으면 신경 쇠약에 걸렸을 거예요. 그 집에 너무 들어가기 싫어서 길거리에 주저앉 아 운 적도 있어요. 막판에는 집에 들어가는 게 너무 끔찍하고 한시라도 그곳에 있고 싶지가 않았어요. 곰팡이 문제에 소송까지 겹치니 집 자체 가 괴물 같아 보이더라고요. 아름

결국 아름은 소송에서 승리한다. 하지만 아름은 별로 얻은 게 없는 것 같다.

선배 중에 법무사가 있어서 도움을 많이 받았죠. 어떤 절차로 이루어지 는지 검색도 많이 하고 그러면서 공부했어요. 그러다 보니 이거는 내가 이기는 싸움이다 생각하고 시작하게 된 거죠. 결국 소를 제기한 지 세 달 만에 보증금을 돌려받았어요.

결국 잘못을 한 것은 집주인인데, 제가 입은 물리적·정신적 피해에 비 해 그쪽이 입은 손실은 털끝만큼도 안 돼 보였어요. 답변서를 부치는 데

든 우편요금 외에 주인이 입은 손실은 정말 아무것도 없어요. 무엇보다 그렇게 날려 버린 내 시간은 누구도 보상해 주지 못하잖아요. 하지만 별 수 있나요. 돈 받은 걸로 만족할 수밖에요.　　아름

세입자 손자병법
_계약 만료 편

계약 연장하기 13

지금 계약서를 꺼내 정확한 계약 만료 날짜를 확인해 보자. 계약 만료를 앞두고 있지만 현재 사는 곳을 벗어나기 힘든 세입자들은 계약이 갱신될 때까지 집주인이 혹시 집세를 올린다고 하면 어쩌나, 하루하루 불안에 떨며 산다. 집주인이 먼저 이야기하기 전에 내가 먼저 이야기를 꺼내야 하는 것인지 고민하는 세입자들도 있을 터. 지금 집에 계속 살고 싶다거나 당장 이사 갈 상황이 아닌데, 약속한 계약 만료 날짜가 다가온다면 어떻게 해야 할까?

그대로 살고 싶다면, 말을 아끼자

일단은 묵묵히 기다리는 것이 상책이다. '묵시적 갱신'이라는 제도가 있기 때문이다.

묵시적 갱신이란,

- 세입자가 계약 기간 종료 6개월~1개월 전에 집주인에게 이사나 계약 조건 변경에 대해 통지하지 않은 경우
- 집주인이 계약 기간 종료 1개월 전까지 해지나 계약 조건 변경에 대해 통지하지 않는 경우

동일한 조건으로 다시 임대계약을 한 것으로 간주한다(주택임대차보호법 제6조 제1항).

쉽게 말해, 세입자와 집주인이 계약 만료 1개월 전까지 집에 대해 아무런 말도 주고받지 않는다면, 이를 문서로 남기지 않더라도 자동으로 계약이 연장된다. 하지만 이사 계획이 있느냐는 식의 대화나 계약 만료를 언급하는 내용의 문자를 주고받았다면 집주인이 묵시적 갱신이 아니라고 주장할 수 있다. 이사나 계약 만료에 대한 그 어떤 언급도 없어야 자동 계약 연장이 성립될 수 있으니 '같은 조건으로' 계약을 연장하고 싶다면 계약 종료 1개월 전까지는 말을 아끼자.

이 묵시적 갱신은 현재 전세가가 매매가에 육박할 정도로 치솟고 있는 현실에서 당연히 세입자에게 유리하다. 동일한 조건으로 기존의 계약 기간만큼 자동 연장될 뿐만 아니라, 묵시적 갱신으로 계약이 연장된 경우 세입자는 계약 기간 중 언제든 원할 때(3개월 전에만 이야기하면 된다) 이사를 갈 수 있기 때문이다.

묵시적 갱신이 되지 않는 경우

월세를 2회 이상 연체했다면 묵시적 갱신은 인정되지 않는다(주택임대차보호법 제6조 제3항).

묵시적 갱신 이후
월세를 올려 달라 한다면?

가끔 계약 만료일을 잊어버리는 무심한 집주인도 있다. 예를 들어, 집주인이 계약 만료 20일 전에 보증금을 인상해 달라거나 집을 비워 달라고 통보할 경우 어떻게 해야 할까? 이미 묵시적 갱신이 된 상태이므로 집주인은 이전의 계약 조건과 기간을 그대로 지킬 의무가 있다. 따라서 집주인의 요구에 응하지 않아도 된다.

계약 만료 1개월 전,
집주인한테서 연락이 온다면?

보통 집주인은 월세나 보증금을 올릴 경우의 수익과 세입자가 들고 나면서 드는 목돈(중개 수수료, 도배·장판 교체비 등)을 저울질해 보기 마련이다. 손익이 비슷하거나, 이익이 된다 하더라도 본인의 수고에 비해 미미할 때, 집주인은 묵시적 갱신을 선택한다.

하지만 그렇지 않은 경우라면 주택임대차보호법상 계약을 연장할 수 있는 권리는 집주인에게 있다. 그래서 아무리 내가 계속 살고 싶어도 계약 만료 전에 집주인이 계약 해지를 요구하거나, 보증금과 월세를 올리는 조건부 계약 연장을 권하면, 세입자는 따를 수밖에 없다. 이럴 경우 집주인의 협

계약 기간을 1년으로 하더라도 2년을 보장받는다

독일의 경우, 임대차계약을 할 때 임대 기간을 정하지 않는 것을 원칙으로 하고 임대차계약 기간을 정할 때에는 반드시 사유를 계약서에 명시하도록 하고 있다. 그리고 이처럼 임대계약 기간을 명시하지 않은 계약은 철거나 집수리, 집주인이 거주하는 등의 정당한 사유가 있지 않은 한 임대차계약을 종료할 수 없도록 해 임차인을 보호한다.

우리의 경우 이 정도로 세입자를 보호하고 있지는 않지만 알량한 2년의 기간만은 보장해 준다. 예를 들어, 간혹 금방 이사 갈 것을 예상하고, 1년 계약을 맺는 경우도 있는데, 1년이 지나 보니 계속 살고 싶어졌다면 재계약을 맺어야 할까? 주택 임대차계약의 경우 계약서에 계약 기간을 명시하지 않았거나 기간을 2년 미만으로 정했더라도 임차인은 최소한 2년의 기간을 보장받을 수 있기 때문에 그러지 않아도 된다(주택임대차보호법 제4조).

상에 응하지 않고 버틴다 해도 묵시적 갱신은 이루어지지 않는다.

재계약할 때 주의할 점

묵시적 갱신이 실패했거나 다른 조건으로 재계약을 원한다면, 계약 만료일 즈음에 집주인과 합의하에 계약을 갱신하자. 간혹 인상된 보증금을 지불한 영수증과 이전 계약서만으로 우선변제권과 대항력을 유지할 수 있다고 착각하는 사람도 있는데, 이는 불가능하다. 인상된 보증금의 영수증과 기존 계약서만으로는 보증금에 대한 우선변제권과 대항력을 유지할 수 없으며, 기존 계약서를 수정하거나(변동된 사항에 두 줄을 긋고 수정한 후 계약 당사자의 서명이나 날인을 하면 된다) 인상된 금액이나 전체 금액으로 계약서를 새로 써야 한다.

등기부등본 확인과 확정일자 받기

하지만 계약서를 다시 쓰기 전에 먼저 확인할 것이 있다. 바로 등기부등본. 처음 계약했을 때 근저당권 설정 등이 없었더라도 내가 사는 동안 집주인이 대출을 받았을 수 있기 때문이다. 이 경우 계약서를 다시 쓰면 이 근저당권에 비해 내가 후순위 권리자가 되기 때문에 보증금이 위험할 수 있다.

또 계약서를 다시 쓰게 된다면 처음 계약할 때와 마찬가지로 바로 확정일자를 다시 받아야 한다는 것도 잊지 말자. 이전에 받은 확정일자는 이전 계약서에 대한 것이니, 새로 계약서를 쓰면 다시 확정일자를 받아야 우선변제권이 생긴다(139쪽 참조). 이때 유의할 점은 반드시 종전의 계약서 역시 같이 보관해야 한다는 것이다. 두 장 모두 잘 보관해야 집이 경매에 넘어갈 경우 이를 제출해 배당을 받을 수 있다.

재계약서 쓰는데도
복비를 내야 할까?

재계약서를 쓸 때 꼭 중개사를 이용할 필요는 없다. 집주인이 잘 아는 중개사무소를 이용할 경우 합의하에 무료로 가능할 수도 있고, 때로는 대서비로 5~10만 원을 받는 경우가 있다. 하지만 재계약서를 다시 쓰는 일은 새로운 '중개'의 경우가 아니므로 중개 수수료율표에 따라 중개 수수료를 받겠다고 하는 경우 거부하면 된다.

재계약 때는
집세를 어디까지 올릴 수 있을까?

요즘 세입자들은 전화기에 집주인 전화번호만 떠도 가슴이 떨린다. 집세를 올려 달라고 한다면 세입자로서는 방법이 없기 때문이다. 세입자가 인상을 거절하면 집주인은 재계약을 거부하고 집세를 올려 줄 다른 세입자를 찾으면 그만이다.

상가건물 임대차보호법은 월세에 한해서는 계약을 갱신할 때도 임대료를 9% 이상 올리지 못하게 하는 월세 상한제, 계약 후 5년 동안은 세입자가 계약 갱신을 요구하면 건물주가 거부하지 못하도록 한 계약 갱신 청구권이 포함되어 있다. 하지만 주택임대차보호법의 5% 인상 제한은 계약 기간 중에만 적용된다. 재계약은 계약 기간이 끝나고 새로운 계약을 하는 것이니 이 5% 인상률 제한이 적용되지 않는 것이다. 결국 이 인상률 제한은 세입자에게 있으나마나 한 조항이 되어 버렸다.

계약 끝내기 14

세입자는 어떤 경우에
계약을 해지할 수 있는가?

법적으로 세입자는 계약 기간이 만료된 이후뿐 아니라 집이 주거 용도로
활용할 수 없는 상태가 되었을 때, 계약 기간 중 가압류·가처분·가등기 등
의 처분을 당했을 경우 정당하게 계약을 해지할 수 있다. 또 묵시적 갱신이
된 경우 갱신 기간 중에는 언제든지 세입자가 원할 때 이사를 갈 수 있다.
하지만 이런 경우라 하더라도 이사를 통보하는 시점과 '원상 복구의 의무'
와 관련해서는 다음과 같이 주의를 요한다.

이사를 간다는 말은
언제 해야 할까?

계약 기간 만료 이후 이사를 갈 때 중요한 것은 계약 만료 1개월 전까지 집주인에게 알려야 한다는 것이다. 1개월이 지나야 보증금 반환을 청구할 수 있는 권리가 생기기 때문. 묵시적 갱신으로 살고 있는 경우 3개월 전에는 말해야 한다. 즉, 집주인에게는 이사 계획을 통보한 날로부터 3개월 뒤에야 보증금을 돌려줄 의무가 생긴다.

원상 복구의 의무?

계약이 끝나면 세입자는 집을 '원래 상태로 회복'하여 돌려줘야 한다. 집이 어디 없어지는 것도 아닌데 살던 대로 그냥 돌려주면 되지, 라고 쉽게 생각한다면 큰 코 다칠 수 있다. 이 '원래의 상태'라는 게 애매한 경우가 많아 분쟁이 자주 발생하는 부분이니 유의하자.

통상 도배·장판과 같은 자연적으로 소모되거나 더러워질 수 있는 소모품은 원상회복 범위에 포함되지 않으니 이에 대한 비용을 집주인이 요청할 경우 응하지 않아도 된다.

하지만 창문이나 방문을 바꾼다거나 전체 리모델링과 같이 범위가 크고

굵직한 보수를 하고자 한다면 집주인과 반드시 사전 협의를 거쳐야 한다. 그리고 이 사전 협의 내용은 꼭 문서로 남겨(계약서상 특약으로 추가하면 된다) 계약 만료시 분쟁의 여지를 없애자.

계약금이 없다면

집주인과 협의를 통해 이사를 결정한 상태라면, 새로운 집을 계약하기 위해 계약금이 필요할 때 현재의 집주인에게 내 보증금 중에서 계약금으로 쓸 돈을 미리 빼달라고 요청해 볼 수 있다.

계약 기간이 끝나지 않았는데
이사를 가게 되었을 경우

• 다음 세입자를 구해 놓고 나가야 한다?

계약 만료 전에 이사를 갈 때는, 세입자가 다음 세입자를 구해 놓고 나가야 할까? 법적으로 세입자에게 이런 의무는 없다. 하지만 집주인 역시 계약 만기일까지 세입자에게 보증금을 돌려줄 법적 의무가 없기 때문에 계약 기간 중간에 이사를 가는 경우 보증금을 바로 돌려받기 위해 이런 관행이 만들어졌다. 세입자 입장에서는 보증금을 돌려받지 못해 분쟁을 겪을 바에야 다음 세입자를 구해 놓고 나가는 것이 합리적이라는 현실적 판단을 하게 된 것이다. 하지만 계약 기간이 끝난 상황이거나 묵시적 갱신 상황에서의 이사라면 당연히 세입자가 다음 세입자를 구할 필요가 없다.

중개 수수료도 세입자가 부담한다?

사실 위와 같은 관행이 유지되면서 다음 세입자를 구하는 데 드는 중개 수수료까지 세입자에게 요구하는 경우가 많다. 하지만 공인중개사법에는 중개 수수료의 지불 주체를 '임대인(집주인)과 이사 오는 임차인(세입자)'로 명시하고 있으며, 국토교통부의 유권해석(09년 7월 7일, 상담 사례 2063)에 따르더라도 "별도의 약정이 없는 한 전 임차인은 중개 대상물에 관해 중개 의뢰인이 아니므로 중개 수수료는 발생되지 않는다."

또 계약 종료 6개월~1개월 전에 계약 해지를 통보했다면, '만기 전에 이사 시 중개료를 지불한다'라는 특약이 없는 한, 계약 종료 2, 3개월 전에 이사를 가더라도 정상적인 계약 종료로 보아 집주인이 중개료를 지불해야 한다(98나55316 판결). 물론 묵시적 갱신 중이라면 언제 이사를 가든 부동산 수수료는 집주인과 그 다음 세입자 몫이다.

계약 종료 전에 이사를 가게 되었다면, 임대차등기를 신청하자

개인 사정으로 보증금을 받지 못한 채 계약 만료일보다 일찍 이사를 나가게 되었을 때는 어떤 절차가 필요할까? 주택임대차보호법에 따르면 세입자는 주택의 인도와 주민 등록을 마치면 대항력을 갖게 되고, 확정일자를 갖춘 경우에만 우선변제권을 유지할 수 있다. 하지만 이사를 하게 된다면 세입자는 이런 요건을 만족시킬 수 없어 보증금이 위험하다.

그러나 주택임대차 등기를 마치면 이런 요건 없이도 대항력과 우선변제권을 유지할 수 있다. 다만, 세입자가 임차권 등기 이전에 이미 대항력이나 우선변제권을 취득한 경우에는 기존에 취득한 대항력이나 우선변제권은 그대로 유지되며, 임차권등기 이후에는 이사를 가거나 주민등록을 다른 곳으로 이전하는 등 대항 요건을 상실하더라도 이미 취득한 대항력이나 우선변제권을 상실하지 않는다(주택임대차보호법 제3조의4 제1항 및 제3조의 3 제5항).

등기를 진행하기 위해서는 집주인의 인감증명과 등기증, 계약서 원본, 세입자의 주민등록등·초본, 집주인과 세입자의 신분증과 인감도장, 등록세·면허세 영수증 증지가 필요하다. 따라서 임대차등기는 임대인의 협조가 있어야 한다. 물론 민법 제621조 제1항에 따라 세입자는 집주인에게 임대차등기 절차에 협력해 달라고 청구할 수 있다.

보증금 돌려받기 **15**

계약이 끝났는데
보증금을 돌려주지 않는다면

묵시적 갱신의 경우 3개월 전, 문서화된 계약관계일 경우 1개월 전에 이사 사실을 집주인에게 알렸고, 집도 멀쩡하다면, 세입자의 의무는 여기서 끝이다. 이런 조건이 모두 갖추어졌다면 집주인이 계약 만료 날짜에 맞춰 보증금을 돌려줄 법적 의무가 있다.

하지만 종종 본인의 의무를 내팽개치는 집주인이 있다. 이런저런 핑계를 대며 제때 보증금을 돌려주지 않는 것. 보통 다음 세입자가 들어오면 돌려주겠다거나, 세입자의 과실을 핑계로 도배·장판과 같은 소모품의 수리비용을 제한 보증금만 돌려주는 등의 경우가 있다. 이럴 때 내 피 같은 보증금을 지키려면 어떻게 해야 할까?

일단 눌러앉아라

이사를 가지 않고 지금 사는 집을 점거하는 방법이 있다. 보증금을 돌려준다는 말만 믿고 섣불리 이사를 가면 대항력과 우선변제권을 잃게 되고 보증금을 영영 돌려받지 못할 수도 있다.

때로는 이미 계약해 놓은 집이 있어서 짐만 남겨 놓고 이사를 가기도 하는데, 실제 거주하지 않는데 짐의 일부만 남겨 놓는 것으로는 대항력을 인정받기 어려우므로 주의해야 한다.

또 계약 해지 이후 점거 상태에서도 월세를 계속 지불해야 한다는 것도 염두에 두자. 일반적으로 계약 해지 통보 이후 3개월이 지난 시점부터는 보증금 반환을 요구할 수 있지만 이렇게 해지 효력이 발생한 이후라도 집주인이 보증금을 반환하지 않아 세입자가 계속 거주를 하게 된다면 월세는 지급하도록 되어 있다.

보증금을 못 받고 이사를 간다면, '임차권 등기 명령'을 신청하자

'임차권 등기 명령'은 계약 기간이 종료된 이후 보증금을 반환받지 못하고 이사를 가야 할 때 취하는 절차다. 세입자가 보증금을 받지 못한 상태라 할지라도 이미 다음 집을 계약한 상태라 꼭 이사를 가야 할 경우에 대항력과 우선변제권을 유지하기 위한 것이다. 계약 기간이 종료되기 전에 이사를 갈 때 하는 '임대차등기'(131-132쪽 참조)와 달리, 임차권등기명령은 집주인 동의 없이도 가능하며, 따라서 집주인에게 통지할 필요도 없다. 또 세입자는 임차권등기명령을 신청해 등재된 후에는 월세 지급 의무가 없어지고, 보증금 반환 청구 소송을 통해 보증금을 돌려받을 수 있다.

전월세보증금 대출 지원

대부분의 세입자에게 보증금은 전 재산이나 다름없다. 이 때문에 보증금을 받지 못할 경우 가장 난처한 점은 이사 갈 집의 잔금을 치르기 힘들다는 것. 서울 시민이라면, 전월세보증금지원센터를 통해 단기 대출을 받을 수 있다.

- **계약 종료 전일 경우**
  새로 이주하는 주택의 유형이 아파트여야 하며, 보증금은 2억 이내여야 한다. 또 연소득이 있는 사람이어야 하며, 기존의 임차 주택에 가압류·가처분 등이 없어야 하며, 은행 여신 거래 제한자, 단독 세대주와 기존 전세자금대출 보유자에게는 대출이 불가능하다.
- **계약이 종료된 이후**
  계약 기간이 종료된 후 보증금이 반환되지 않은 경우의 대출은 보증금 3억 원 이내일 경우 최대 2억 원까지 가능하다. 대출 이자는 변동금리로 4% 이내, 기간은 최대 2년, 부부 합산 연소득이 7천만 원 이하여야 한다. 대출 자체가 세입자의 명의로 나가는 것이기 때문에 이자는 세입자가 납부해야 한다. 하지만 집주인과의 협의를 통해 집주인이 납부하는 것도 가능하고, 추후에 보증금을 돌려받으면서 민법상의 지연 이자인 5%를 임대인에게 청구할 수도 있다. 물론 집주인이 거절할 경우 민사소송으로 해결해야 한다. 자세한 내용은 전월세보증금지원센터에 문의하자.

내용증명 보내기

점거를 한 상태, 혹은 임차권 등기 명령을 한 상태인데도 집주인이 계속 보증금을 돌려주지 않는다면 이제 법적 대응을 시작할 때다. 본격적인 법적 대응에 돌입하기 전에 취할 수 있는 가벼운 조치가 있다. 바로 '내용증명' 보내기.

보내는 방법은 간단하다. 정해진 형식은 없으나 보통 집 계약 사실과 받아야 할 보증금 액수 등을 적은 종이를 세 통 작성해 우체국에 제출하면, 우체국에서는 서신의 끝에 '내용증명 우편으로 제출하였다는 것을 증명한다'는 도장을 날인하고, 한 통은 우체국에 보관하고, 한 통은 상대방에게 발송하며, 나머지 한 통은 본인에게 반환해 준다.

내용증명을 발송할 때는 반드시 등기우편으로 발송해야 한다. 이는 독촉의 증거를 남기고 집주인에게 법적 절차를 강구하겠다는 강경한 의사를 발송함으로써 심리적인 압박감을 주기 위한 것으로 보통 소송을 피하고 싶은 집주인은 내용증명만 받아도 보증금을 돌려줄지 모른다.

보증금 반환 청구 소송, 법의 힘을 빌려라

세상 어디에나 강적은 있는 법. 내용증명에도 집주인이 묵묵 무답이라면 최후의 수단으로 보증금 반환 청구 소송을 할 수밖에 없다. 집주인이 합당한 이유 없이 보증금을 돌려주지 않는 상황이라면 소송 결과는 세입자의 승리일 가능성이 높다.

단, 보증금 반환 소송의 경우 보통 6개월 정도가 소요된다. 따라서 소송을 하기 전에 내가 이를 감당할 수 있는 상황인지, 도움을 받을 수 있는 기관이나 지인은 없는지 알아보자.

임대차 분쟁 관련 상담 기관

전월세지원센터 1577-3399
서울시 전월세보증금지원센터 02-2133-1200~8
대한법률구조공단 국번없이 132
전국세입자협회 02-6022-4551

이미 임차권등기명령을 한 상황이라면 보증금반환청구소송은 언제라도 제출할 수 있다. 소장의 작성은 변호사나 법무사 없이 혼자서도 가능하므로 대법원 홈페이지에 게시된 법정 서식을 참조해 보자.

경매 이후의 절차

보증금을 돌려받을 수 있는 최우선변제권도 갖고 있고, 법원으로부터 경매 진행 통지가 도착했다면 어떻게 해야 할까? 가만히 있어도 내 보증금을 돌려주는 건 아니니 주의하자.

경매가 접수되면 법원은 심사 이후 부동산을 압류하고 경매 개시 결정을 내린다. 법원은 경매가 개시되었다는 사실을 알리고, 배당을 요구할 수 있는 기간(배당요구종기일)을 정해 저당권자, 임차인 등에게 권리를 증명하거나 채권이나 보증금이 얼마인지 신고하라고 통지한다. 그러면 그 기간 내에 세입자는 확정일자가 찍힌 계약서 사본, 주민등록등본, 권리신고 및 배당요구신청서를 첨부해 경매 법원에 제출하면 된다. 매각대금에서 경매 비용을 뺀 나머지 금액을 배당하는데, 배당된 금액을 수령하기 위해서는 배당기일에 낙찰자(매수인)로부터 명도 확인서를 받아 경매 법원에 제출해야 한다.

좀 더 자세한 사항은 앞에서 소개한 임대차 분쟁 관련 상담 기관에 연락해 상담해 보자(137쪽 참조).

세입자의 보증금을 지켜 줄 두 가지 권리

만약 집주인이 빚이 있거나 세금을 연체해서 집이 경매로 넘어간다면 내 보증금은 어떻게 지킬 수 있을까? 이때 행사할 수 있는 것이 바로 우선변제권과 최우선변제권이다.

우선변제권

우선변제권은 세입자가 임대한 집이 경매 또는 공매되는 경우, 후순위 담보권자나 그 밖의 일반 채권자보다 우선하여 보증금을 받을 수 있는 권리를 말한다.

이를 위해선 두 가지 전제 조건이 필요하다.

- 대항력(이사, 전입신고)을 갖출 것
- 계약서에 확정일자를 받을 것.

이 요건 중 가장 늦은 날을 기준으로 변제 순위가 정해진다.

예 1) 10월 7일에 이사를 하고 바로 전입신고를 했다. 확정일자를 깜빡하고 있다가 10월 11일에 받았다. 이 경우 대항력은 10월 8일(전입신고 다음 날)부터 생기지만, 우선변제권은 10월 11일부터 발생한다.

예 2) 계약서를 쓴 날 바로 확정일자를 받은 상태로 10월 7일에 이사를 했다. 그런데 전입신고를 깜빡하고 있다가 10월 9일에 했다. 이 경우에는 전입신고 다음날인 10월 10일자로 대항력과 우선변제권이 발생한다.

예 3) 그런데 마침 집주인이 10월 9일에 집을 담보로 은행에서 대출을 받았다면? 위의 두 경우 모두 10월 9일에 나는 우선변제권이 없는 상태였다. 집이 경매 등에 넘어갈 경우 은행보다 후순위 권리자가 된다.

최우선변제권

정식 명칭은 소액 임차 보증금 최우선변제권. 보증금이 소액인 경우에, 그 일부를 최우선적으로, 즉 다른 권리자보다 먼저 받을 수 있게 해주는 권리다. 이사와 전입신고를 통해 대항력은 갖추고 있어야 하지만, 확정일자를 받지 않은 경우에도 보장받을 수 있다.

최우선변제금액은 근저당 설정 일자에 따라, 그 집이 속한 지역에 따라, 그리고 전세 금액에 따라 차등 적용된다(지역별 최우선변제권 보호 대상 범위와 우선 변제 받을 수 있는 금액은 '대법원 인터넷등기소' 홈페이지에서 확인할 수 있다. 범위와 금액은 관련 법령 개정에 따라 달라질 수 있으니 그때그때 확인이 필요하다). 이때 임차인의 전입 신고일을 기준으로 하는 것이 아니고 경매가 진행되는 부동산의 근저당 설정일 당시의 법을 기준으로 한다는 데 유의해야 한다. 참고로 근저당 설정일이 2014년 1월 1일 이후일 경우 최우선 변제가 가능한 범위는 다음과 같다.

지역	보호 대상 범위	우선 변제 금액
서울	보증금 9,500만 원까지	3,200만 원
수도권	보증금 8,000만 원까지	2,700만 원
광역시 및 경기도 안산시, 용인시, 김포시, 광주시	보증금 6,000만 원까지	2,000만 원
그 외 지역	보증금 4,500만 원까지	1,500만 원

5장

집,
너의 의미

어느 동네, 무슨 브랜드의, 몇 평짜리 아파트. 현재 한국 사회에서 가장 덩치 큰 투자 상품으로서 집을 평가하는 기준이다. 생애 주기에 따라 '보통 사람들'은 이십 평에서 삼십 평, 원룸에서 투룸, 쓰리룸으로 주거 면적을 넓혀 가는 것을 목표로 살아간다. 하지만 이 '보통 사람들'은 얼마나 될까?

한국 사회에서 '소유권'은 언제나 '사용권'이나 '점유권'보다 우위에 있었다. 집과 땅을 소유한 사람들의 이익은 철저히 보호받았고, 이런 구조 속에서 도시 개발은 민간 기업의 주도로 빠르고 폭력적으로 이루어졌다. 그 결과 도시 하나가 뚝딱 만들어지기도 했지만, 그 지역을 일군 사람들의 노력과 시간은 늘 헌신짝처럼 버려졌다.[11] 그리고 그 속에서 500만 명이 반겨 줄 사람 하나 없는 자기만의 방으로, 그 가운데 10만 명은 겨우 몸만 뉘일 수 있는 네 평짜리 고시원으로 돌아갔다. 이들은 '보통 사람'이 아니었다.

이런 이들에게 집의 의미는 좀 달랐다. 짧게는 2년, 길어 봤자 4, 5년을 주기로 이곳저곳 도시의 주변부를 떠돌아 다녀야 하는 세입자들에게 집은 재산을 불리는 수단이 될 수 없다. 2년마다 집세 인상을 요구하는 집주인과 2년 동안 번 돈을 오롯이 쏟아붓는다 해도 그 집에 있을 수 없는 세입자에게 집은 자신의 가난을 재생산하는 굴레가 되어 가고 있다. 인터뷰에 응한 세입자들은 집 때문에 자신의 삶이 언제 어떻게 될지 모르기 때문에 장기적인 계획을 짜지 않는다고 했다. 이런 공간의 유동성은 작은 일상의 습관에서부터 직장에 이르기까지 삶 자체를 결정짓는다 해도 과언이 아니다.

뭔가를 살 때, 심지어는 직장을 구할 때도 떠돌아다닐 것을 염두에 두고 결정하게 돼요. 그러다 보니 집 자체가 내가 살아가는 공간, 내가 안식을 취할 수 있는 공간이 아니고 뭐랄까 여관인 거예요. 저 같은 저소득 계층이 사는 집은 점점 그저 내 짐이 있는 수납공간, 내 몸을 잠깐 누이는 공간이 되는 거죠.　하윤

지금 사는 집에서 가장 마음에 드는 공간이 어디냐는 질문에 아름은 "내 집이 아니기 때문에" 생각해 본 적이 없다고 했다.

저는 집에 못을 박지 않아요. 뭐 걸 것도 없지만 시계조차 걸지 않죠. 이사 갈 때 매번 바꾸는 게 귀찮아서 생활 요금도 자동이체를 안 해요. 언제 어떻게 될지 모르니까요. 떠날 집이라 에어컨도 살 수가 없어요. 이사 나갈 때 비용도 많이 들고 번거로우니까요. 제 집이라면 비싸도 에어컨 사놓고 아주 더울 때 잠깐이라도 틀고 싶어요.　아름

이런 곳을 영원히 살고 싶은 공간으로 생각하는 사람은 없다. 게다가 생애 주기에 따라서 원하는 집의 상도 달라진다. 1인 가구라고 해서 모두

원룸에 만족하며 살 순 없다. 지금의 집이 어떤 의미인지 묻는 질문에 신치는 통학 시간 때문에 독립했던 20대 때와 지금은 다르다고 이야기한다.

20대 때도 혼자 살긴 했지만 30대가 되니 느낌이 많이 다르더라고요. 20대 때는 내 의도와 상관없이, 물론 집에서 벗어나고 싶은 생각이 크긴 했지만, 어쨌든 학교 때문에 나와야 했던 거였잖아요. 그땐 집이라기보다는 그냥 잠자는 곳의 의미가 더 컸던 것 같아요. 지금은 '내 공간', 내가 생활하고 편하게 쉴 수 있는 공간, 그런 의미가 좀 더 커진 것 같아요.
신치

그렇기 때문에 떠돌이들이 돈을 모으는 가장 큰 목적 역시 바로 집이다. 하지만 이들에게 집은 '투자처'가 아니다. 이들이 원하는 집은 살(구매할) 수 있는 집이 아니라 정말 살(정주할) 만한 집이다. 지금보다 '조금 더 나은 집'에 대한 욕구는 단순히 먹고 자는 것 이상의 삶을 살게 해주는 인간다운 삶에 대한 갈망이다.

진짜 열심히 모았어요. 꼬박꼬박 적금을 부었죠. 조금 더 나은 집으로 가자. 딱 그 생각 하나로. 그런 곳에 살다 보니 좀 더 나은 곳에 가야겠다는 욕구가 계속 들더라고요. 처음 독립할 때는 그냥 엄마로부터 벗어나고 싶은 욕구가 컸는데, 그 다음 집부터는 사람답게 살아 보자, 그런 욕구가 생기더라고요. 그냥 좀 더 사람 살 만한 곳으로 옮기고 싶어요. 집으로 돈

을 불리고 싶은 목적은 없어요.　　　하윤

집을 구할 때 제일 중요하게 생각하는 것이 무엇이냐는 질문에 하윤은
'집밥' 이야기를 꺼낸다.

조미료에 절은 음식을 계속 먹다 보니까 건강이 너무 안 좋아지더라고
요. 지금 집 근처에는 시장이 있다 보니까 같은 돈 주고 더 싱싱한 걸 먹
을 수 있어요. 예전에 고시원 살 때는 조리할 수 있는 공간도 없었기 때
문에 라면 같은 인스턴트 음식으로 끼니를 때웠어요. 그땐 그나마 젊어
서 괜찮았던 것 같은데, 언제부턴가 점점 몸이 안 좋아지는 게 느껴지더
라고요. 인간이라면 밥을 먹고 살아야 한다, 괜찮은 채소, 육류 뭐 그런
걸 먹고 살아야겠다 싶은 거예요. 그래서 싱싱하고 싼 식재료를 구할 수
있는 시장이 있으면 좋겠다고 생각했어요.　　　하윤

'지금보다 나은 집'에 대한 욕구는 대부분의 세입자들도 마찬가지다.
떠돌이 세입자들에게 '살 만한 집'이란, 1, 2년살이가 아닌, 장기적 삶을 계
획할 수 있는 집을 의미한다. 이곳저곳 떠도는 삶의 형태를 젊은 세대가
가진 새로운 노마드적 삶의 방식으로 보기는 힘들다. 그보다는 불안전한
노동조건과 부동산 계급 사회, 열악한 주거 환경 때문에 나타나는 일종의
악순환의 고리다. 불안정한 삶의 조건들이 '정착'을 꿈꿀 수 없게 만드는
것이다.

우리 세대가 고용이 안정되어 있지 않잖아요. 그래서 주거 공간이 고정되어 있으면 좀 불편하다고 할까 그런 게 있어요. 직장이 불안정하니까 장기 계약보다는 차라리 월세 2년 계약이 나은 거죠. 하지만 그렇게 살다 보니 이제는 좀 지쳐서 될 수 있으면 직장도 오래 다니고 싶고, 괜찮은 집을 찾아서 한 곳에 오래 살고 싶어요. 하윤

작년 집도 그렇고 지금 집도 그렇고 주인은 2년을 원했는데 전 1년으로 계약을 했어요. 집은 살아 봐야 아는데 만약에 별로면 나가는 게 나으니까요. 계약 기간 중간에 나가면 제가 복비도 내고 새로운 세입자도 구해 놓으라고 하잖아요. 하지만 괜찮고 싼 집, 그러니까 SH공사에서 제공해 주는 그런 집이라면 한 번에 십 년 정도는 살아 보고 싶어요. 신치

국민임대주택을 분양받기 위한 중요한 자격 조건 가운데 하나는 소득이지만, 출산 장려책의 일환으로 신혼부부, 자녀가 있는 가구에 일정 물량을 배분하기도 한다. 2014년 주택공사는 전세임대 2만여 가구 중 신혼부부에 3천 호를 지원하겠다고 발표했다. 이는 과연 얼마나 실효성이 있을까? 불안정한 삶 속에서도 안정적 삶을 꿈꾸고 있는 1인 가구들은 결혼과 같은 새로운 가족 구성을 통한 집의 변화를 꿈꾸지 않을까? 1인 가구를 결혼 전 거쳐 가는 임시적인 주거 형태로 여기는 통념과 달리 민우회가 만난 1인 가구 여성들은 대부분이 1인 비혼 여성으로서의 지속 가능성에 대해 고민하고 있었다.

사람들은 1인 가구는 쾌적하지 않은 환경을 견뎌야 한다고 생각하는 것 같아요. 그게 늘 불만이었어요. 1인 가구는 2, 3, 4인 가구 정도의 주거 조건을 꿈꾼다는 게 사치일까? 1인 가구용 집도 원룸 말고는 거의 없잖아요. 혼자서는 대출받기도 힘들고 임대주택 신청 자격 조건에서도 1순위가 아니고요. 저 혼자 몇 억씩 돈을 벌지 않고는 불가능한 일일까? 혼자서는 영영 안 되는 일일까? 그런 생각 많이 해요.　아름

일반적으로 규범적 이상으로서의 안정적인 '집'은 세 가지 범주로 구성된다. 첫 번째는 물리적 공간, 두 번째는 경제적 재화이자 재생산 수단, 세 번째는 정서적 관념. 이 세 가지는 '자가 아파트에 사는 이성애 정상 가족' 형태와 결합되었고, 1990년대 후반 경제 위기를 전후해 위기를 맞이했다. 아파트 공화국 한국에서 아파트에 살 수도, 아파트를 살 수도, 정상 가족을 이룰 수도 없는 이들의 공간,[12] 이 공간에 사는 이들은 어떤 주거 환경을 원할까. 적정 주거 기준을 묻는 질문에 독립 8년차 규원과 독립 6년차 재민은 공통적으로 공간의 크기와 구획에 대해 이야기한다. 적절한 크기나 구조는 기계적으로 가구 구성원 수에 따른 방의 개수로 결정되지 않는다.

지금보다 방이 큰 것도 좋은데, 거실이라는 게 있으면 좋겠다고 생각하고 있어요. 집에 손님이 올 경우 좀 난처하더라고요. 집에 좀 나눠진 공간이 필요하다는 생각이 들어요. 지금은 그냥 큰 방만 있는 거라서 정말

친한 친구들이 아닐 경우 애매해요.

크기도 사람이 누워서 구를 수 있는 정도는 되어야 할 것 같아요. 친구가 사는 고시원에 가본 적이 있는데, 정말 폐쇄 공포증에 걸릴 거 같았어요. 근데 그게 50만 원이더라고요. 최소한 옷장과 책상 놓고 나머지 공간에서 구를 수 있는 정도는 되어야죠. 그러려면 방이 3, 4평은 되어야 하고, 또 세탁기가 들어갈 수 있는 화장실도 있어야 하고요. 집이라면 그 두 가지 조건 정도는 갖춰야 하지 않을까요. 　　규원

1인당 점유해야 되는 최소 평수가 정해져 있어야 될 것 같아요. 화장실 빼고 최소한 다섯 평은 되어야 한다고 생각해요. 침구류 놓고도 다른 활동을 할 수 있는 공간이 나오는 정도의 크기. 햇빛이 잘 들고 따뜻하고 이런 조건은 당연한 거고요. 최소한 지켜야 할 조건을 몇 가지라도 만들어서 꼭 지키게끔 했으면 좋겠어요. 채광, 방음, 안전성, 공간 구조 같은 거요. 이런 기본적인 기준을 마련해서 그런 건 다 기본으로 갖추고 있고, 세입자는 자신의 취향에 맞는 다른 조건들을 고려해 선택할 수 있었으면 좋겠어요. 저는 원룸에 살아 보니 요리 공간이 분리되어 있으면 좋을 것 같다는 생각이 들었어요. 　　재민

구조적 문제 때문에 아파트를 선호할 수밖에 없는 조건에 대한 지적도 있었다.

사실 진심으로 아파트에서 살고 싶은 사람이 얼마나 될까 싶어요. 하지만 현실적으로는 조그만 아파트를 꿈꿀 수밖에 없는 것 같아요. 구조상으로 아파트만큼 효율적으로 되어 있는 빌라를 찾기가 힘들어요. 또 택배도 받아 주고 방범도 잘되고 그런 관리를 해준다는 점도 크게 작용하는 것 같아요.　　아름

물론 해미처럼 아파트가 아닌 주거 형태를 꿈꾸는 이들도 많다.

아파트보다는 앞에 마당이 있는 집에 살고 싶어요. 개도 키우고 고양이도 있고 텃밭도 있고 연못도 있는 그런 곳이요. 물론 그런 데 살고 있는 분들은 잡초도 뽑아야 하고 광장히 살기 힘들다고 그러더라고요? (웃음) 그래도 전 그런 곳에 한 번 살아 보고 싶어요. 서울에 마당 있는 집은 비싸잖아요. 대부분은 마당이 없고, 그래서 삶이 좀 각박한 것 같아요. 시골 살 때는 마당에서 동네 분들과 고기를 구워 먹는다든지, 개도 키우고 소도 키우고 텃밭 농사도 짓고 마당에서 친구들과 고무줄놀이도 하고 빨랫줄도 길게 늘어뜨려서 빨래도 널고 그랬는데, 지금은 햇빛 보면서 빨래 널기도 힘들잖아요.　　해미

아름은 사람 냄새 나는 동네에 살고 싶어 현재의 집을 선택했다고 말한다.

제가 이 동네를 선택한 건 물가 싸고 사람 사는 동네 같아서였어요. 커피 숍 같은 거는 없었지만 빵가게, 떡볶이 집 같은 구멍가게 같은 것들이 있었어요. 떡볶이가 일인분에 2천 원이더라고요. 옛스러움이 남아 있어서 좋았어요. 옛날에 옹기종기 모여 살던 그런 분위기 말예요. 　아름

'공동체'의 의미보다 부동산 개발이 독려되는 현실 속에서도 이런 '동네'에 대한 이야기는 독립 17년차 정희의 인터뷰에도 등장한다. 정희는 1인 비혼 가구 공동체에 대한 욕구를 드러냈다. 1인 가구의 프라이버시가 존중되면서도 각각이 가까운 거리에 함께 살면서 동네를 형성하는 공동체를 만드는 것이 그녀의 꿈이다.

느슨한 형태로, 동네 친구처럼 서로 가까이 모여 살면 좋겠다는 생각이 들어요. 우리의 상상력은 늘 4인 가족 중심의 틀 안에 머물러 있잖아요. 주거도 그렇고 복지도 그렇고. 가족 형태와 주거 방식이 맞물려 있는데, 요즘에는 비혼자들도 많아지고 다른 형태의 가족들이 있잖아요. 우리한 테도 와닿는 대안들이 있으면 좋겠어요. 　정희

대부분의 1인 가구에게 주거 문제는 현재의 고난인 동시에, 미래의 불안 요소이기도 하다. 이들은 어떤 현실적 대안을 생각하고 있을까?

SH를 계속 넣어 볼 거예요. 여러 번 시도하면서 기회를 잘 만나면 될 수

도 있다고 생각해요. 전세는 구하려면 적어도 5천만 원은 있어야 하는데, 그 돈을 언제 모아요? 저한테는 어차피 비현실적인 이야기거든요. 그러니까 진짜 정치인을 잘 뽑아서 공공 임대주택을 늘리는 방법밖에 없지 않나 하는 생각도 해요. 신치

현재 1인 가구를 위해 마련되어 있는 제도들은 어떤 것이 있을까? 인터뷰이들 가운데는 임대주택에 거주하고 있는 이들도 있었고, 대학생 전세임대 지원을 받고 있는 이들도 있었다. 떠돌이 세입자로 살면서 산전수전을 겪다 국민임대주택에 입주하게 된 재민이 국민임대의 가장 큰 장점으로 꼽는 것은 바로 '집주인이 법인'이라는 점이었다.

여긴 집주인이 법인이니까 예전에 살면서 겪었던 그런 제한들이 없어요. 이사를 가야 된다는 압박도 없고, 이래라 저래라 집주인 잔소리에 감정 소모할 일도 없고요. 또 연말정산 할 때도 월세 낸 거 당당히 포함시킬 수가 있어요. 예전엔 엄연히 내 권리인데도 집주인 눈치 보여서 못했거든요. 근데 법인이니까 그런 눈치 볼 필요가 없어요. 세입자의 권리를 집주인이랑 옥신각신하고 사정해서 얻어낼 필요가 없는 거죠. 재민

또 다른 장점은 집수리 걱정, 주거비 걱정, 이사 걱정이 줄었다는 것이다. 그러자 삶에 안정감이 깃들기 시작했다. 집이 고민거리가 아닌 보금자리로 느껴졌다.

2년마다 계약을 갱신하는데, 그때마다 집세가 오르기는 해요. 그래도 무작위로 올리지는 않고 물가상승률에 따라 법적으로 정해진 금액이 있어요. 이사를 가야 된다는 압박이 없는 것도 좋죠. 2년마다 심사를 하고 재계약을 하지만 어차피 제 소득 수준이 더 나아질 일은 없을 거라서요. (웃음) 재계약이 매번 되면 30년까지는 여기 살 수 있어요. 그래서 처음으로 옷장도 샀어요. 전에는 2년마다 이사를 가야 하니까 뭘 사는 게 짐스러워서 옷도 플라스틱 수납함 같은 데 넣었거든요. 이사 갈 걱정이 없어서 그런 게 달라졌어요. 진짜 집이라는 느낌, 안정감이 들어요.　재민

대학생 전세임대지원 제도를 이용하고 있는 진현도 안정성에서 오는 삶의 변화를 이야기한다.

부엌이 소중해졌어요. 요리를 해먹기 시작했고 친구들 불러서 대접하는 일이 잦아졌어요. 처음 있는 일이죠. 재미가 붙어서 집에서 뭘 많이 해먹어요.　진현

재민과 진현이 말하는 임대주택의 장점은 사실 모든 세입자들의 공통된 바람을 담고 있다. 공간이 분리된 집, 사생활이 보호되는 집, 예측할 수 없는 집세 인상으로 쫓겨날 일 없는 집, 집주인과의 분쟁으로 맘고생 하지 않아도 되는 집, '집 같은 집' 말이다.

세입자 손자병법
_다른 집 편

주거 복지 제도,
어디까지 해봤니?

16

가까이 하기엔 너무 먼 그 집

주거 복지 제도의 가장 대표적인 형태는 공공 임대주택이다. 공공 기관에서 운영하고 시세에 비해 주거비도 저렴하기 때문에 신뢰도와 안정성이 높다. 하지만 공공 임대주택에 대해 막연히 어렵다고만 생각하고 시도조차 하지 않는 사람들이 많다. 이유가 뭘까?

제도를 잘 모르겠고 복잡하다. 이용할 수 있는 제도로 다가오질 않았다. "입주자 조건이 소득 몇 % 어쩌고 하면서 쓰여 있는데 엄청 복잡하고 까다로워 보이더라고요. 공고문만 좀 보다가 말았어요."

당첨되기 어렵다는 이야기가 많아서 아예 신청할 생각을 안 했다.

"들어가기 너무 어렵다고 해서 아예 알아볼 생각을 못했던 것 같아요. 내가 혜택을 받을 수 있는 제도로 생각해 본 적이 별로 없어요."

청약이 없어서 아예 고려를 안 해봤다.
"주택 청약이 기본 조건인데 전 없거든요. 청약을 넣어야 된다는 생각 자체를 못했어요. 지금보다 어릴 땐 결혼하면 집이 당연히 생기는 건 줄 알았고요. 나이 들어서는 그런 건 결혼한 사람들이나 내 집 마련 계획 세우면서 준비하는 것이라는 이미지가 커서 내 이야기로 생각해 보질 못한 거죠."

신청했지만 탈락했다.
"예비 당첨자였는데, 순위가 114번이었어요. 게다가 입주 예정일이 1년 뒤인데 살던 집 계약은 곧 끝나는 상황이라 포기했어요. 그래도 만약 당첨됐으면 어디 임시로 얹혀살며 기다려서라도 들어갔을 거예요."

실제 한국의 공공 임대주택 공급량은 수요에 비해 턱없이 부족하다. OECD 평균 전체 주택 대비 공공 임대주택 비율은 11.5%, 네덜란드 32%, 오스트리아 23%, 덴마크와 스웨덴이 18%인 데 비해 한국은 5%에 불과하다. 신청해 봤자 되기 어려운 건 공공 임대주택의 절대량이 부족해서다. 또 한국 사회에는 집을 꼭 '소유'해야 한다는 관념이 강해 '소유'가 아닌 '임대'에 대해서는 무관심과 냉대가 존재한다. 결혼하기 전의 주거는 임시적이라는 통념 때문에 비혼자 1인 가구, 동거 가구 등 일반적인 가족의 틀에서 벗어난 가구들을 위한 공공 임대주택 역시 부족하다.

이런 사회적 분위기를 반영해 최근 1인 가구를 위한 공공 임대주택이 새롭게 시도되고 있기는 하다. 하지만 법적으로 1인 가구로 분류되지만 실제로는 동반자가 있는 경우 공공 임대주택을 대안으로 고려해 볼 수 없는 것이 현실이다. 누군가와 같이 살아도 혼인 관계나 혈연관계가 아니면 법적으로 각각 1인 가구로 분류되고 있기 때문이다. 공공 임대주택을 신청할 때 1인 가구는 1인용 크기의 집을 신청하도록 면적 제한이 있다.

떠돌이 세입자를 위한 제도들

높은 집세, 집주인의 갑질, 엉망진창인 집 상태, 그리고 반복된 이사에 지친 떠돌이 세입자들을 위해, 주거 복지 제도의 활용을 권해 본다. 문이 좁기는 하지만 로또만큼은 아니며 행운의 주인공이 내가 되지 말란 법도 없다.

여러 공공 임대주택 중에서도 생활보호 대상자나 차상위 계층은 아니지만 한 달 소득이 120만 원 내외인 1인 가구가 이용할 수 있는 제도를 골라 소개한다. 청약 통장이 없어도 활용할 수 있는 제도들도 있다. 실제 체감도를 높이기 위해 당첨 혹은 탈락을 경험해 본 선배 세입자들의 한 줄 평도 실었다.

국민임대주택

요약	국가 또는 지방자치단체의 재정과 국민주택기금의 자금 지원을 받아 한국토지주택공사나 지방공사에서 건설(또는 매입)해 장기간 임대하는 주택. 주로 아파트가 많다.
임대료	시세의 50~80%
기간	2년마다 재계약, 최장 30년까지 연장 가능
임대 형태	(LH) 보증금+월세 임대만 가능 (SH) 보증금+전·월세 모두 가능
한 줄 평	시세보다 저렴함. 집주인 개인의 인격이 아닌 정해진 규정에 따라 보상과 관리를 받을 수 있음. 집세 인상률이 정해져 있어 미리 대비할 수 있고 그 폭도 시세보다 저렴함 당첨되기 어려움. 아파트라서 관리비가 비싼 편임

공공 원룸 주택

요약	서울시 및 SH공사에서 원룸형 주택을 건설·매입하여 저소득 가구에게 임대하는 제도. 2인 이하 가구일 경우 신청 가능하며, 열 평이 안 되는 경우가 대부분이다.
임대료	시세의 40%
기간	2년마다 재계약, 최장 20년까지 연장 가능
임대 형태	보증금+월세 임대, 전세로도 전환 가능
한 줄 평	올해만 네 번째 신청 중. 신청자가 너무 많아 계속 떨어지면서 가난한 1인 가구가 많다는 걸 실감하고 있다. 그래도 목돈 없는 나에겐 유일한 주거 대안! 될 때까지 해보리!

전세임대주택

요약	입주 대상자로 선정된 세입자가 거주할 주택을 물색하면 LH나 SH에서 주택 소유자와 전세 계약을 체결한 뒤 세입자에게 재임대하는 제도
지원 한도	수도권 7,500만 원, 광역시 5,500만 원, 그 외 지역 4,500만 원
기간	2년마다 재계약, 최장 20년까지 연장 가능
세입자 부담	임대 보증금 : 전세 지원금의 5% 해당액, 월 임대료 : 전세 지원금 중 임대 보증금을 제외한 금액의 연 2% 이자 해당액 예) 전세 5,500만 원인 집이면 보증금 275만 원, 월 임대료 8만7,080원
한 줄 평	제도는 좋은데 집주인이 싫어하는 경우가 많아 집 구하기가 너무 어렵다. 구하는 동안은 정말 고생했지만 살면서는 만족!

장기 안심 주택

요약	SH에서 세입자가 입주를 원하는 주택의 전세 보증금 가운데 30%를 무이자로 지원하는 제도. 전용면적 60제곱미터 이하 주택(단, 4인 이상의 가구는 85제곱미터 이하)을 대상으로 하며 전세 보증금이 2억2천만 원 이하(4인 이상 가구는 3억3천만 원 이하)여야 한다. 신혼부부, 다자녀 가구 등에 우선권을 준다.

지원 한도	4,500만 원
기간	2년마다 재계약, 최장 6년까지 연장 가능
비고	재계약시 전세 보증금 5% 초과 인상분 무이자 지원
한 줄 평	전세가 너무 올라서 전세자금대출을 고민하던 중에 이자 없이 지원해 주는 제도가 있는 걸 보고 신청했다가 당첨됐다. 덕분에 더 불쌍한 집으로 이사를 가야 하는 사태를 피했다. 하지만 집주인한테 부탁해야 되는 서류가 많아서 집 구할 때는 맘고생이 많았다.

기타 장기전세주택, 공공 임대주택, 영구임대주택, 재개발 임대주택, 다가구 매입 임대, 협동조합형 임대 등이 있다.

대학생을 위한 제도들

● 대학생 전세 임대주택

전국적으로 실행 중인 대학생전세임대주택은 서울 1,000호, 경기 700호, 부산 160호 순으로 높다(2015년 기준). 사업 대상인 지역 내 대학에 재학 중인 학생들에 한해 입주 순위별 자격 요건에 해당하면 가능하다. 1인 거주시 보증금 100만 원에 월 임대료가 7~18만 원이다.

● 희망하우징

서울시 및 SH공사에서 매입한 다가구주택을 활용해 '대학생 기숙사형 임대주택'으로 공급하는 주거 시설을 말한다. 서울시 소재 대학교(전문대 포함)에 재학 중인 학생으로 수도권 이외 지역에 거주 중인 수급자이거나 수급자 자녀, 차상위 계층 자녀, 도시근로자 가구당 월평균 소득 50% 이하(원룸형은 70% 이하) 세대 자녀 등에게 신청 자격이 주어진다. 임대 기간은 최장 4년이다.

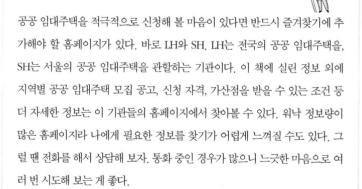

SH와 LH, 즐겨찾기에 추가하자

공공 임대주택을 적극적으로 신청해 볼 마음이 있다면 반드시 즐겨찾기에 추가해야 할 홈페이지가 있다. 바로 LH와 SH. LH는 전국의 공공 임대주택을, SH는 서울의 공공 임대주택을 관할하는 기관이다. 이 책에 실린 정보 외에 지역별 공공 임대주택 모집 공고, 신청 자격, 가산점을 받을 수 있는 조건 등 더 자세한 정보는 이 기관들의 홈페이지에서 찾아볼 수 있다. 워낙 정보량이 많은 홈페이지라 나에게 필요한 정보를 찾기가 어렵게 느껴질 수도 있다. 그럴 땐 전화를 해서 상담해 보자. 통화 중인 경우가 많으니 느긋한 마음으로 여러 번 시도해 보는 게 좋다.

LH 1600-1004, SH 1600-3456
임대주택포털 www.rentalhousing.or.kr

'세대주'여야
공공 임대주택을 신청할 수 있다?

제도별로 신청 자격과 가산점을 받을 수 있는 조건은 조금씩 다르지만, 대학생을 대상으로 한 제도를 제외하고 여기서 소개한 모든 제도는 기본적으로 무주택 '세대주'여야 신청이 가능하다. 내가 세대주로 전입신고가 되어 있어야 하는 것이다. 부모의 세대원인 경우에는 자격이 없다. 세대주만 이용할 수 있는 주거 지원 제도는 아직 독립하지 못한 사람들에게는 의미가 없다. 이렇게 되면 결국 최초의 주거 독립 자금은 개인의 능력으로 해결하거나 부모에게 의존할 수밖에 없기 때문이다.

하지만 이미 부동산 계약을 했다면 이사 갈 집에 전입신고를 하고 세대주가 될 수 있다. 부모와 함께 살고 있다면 세대주 분리 신청을 하는 방법도 고려해 볼 수 있다. 단, 아파트나 원룸 등은 원칙상 세대주 분리가 안 된다(35쪽 참조).

떠돌이가 모여 함께 사는 법

17

최근 셰어 하우스나 협동조합 주택과 같은 공동 주거 모델이 여러 지역에서 생겨나고 있다. 서로 목적과 취향을 공유하는 개인이나 가족들이 모여 일부 공간을 공유하거나 느슨한 형태의 주거 공동체를 꾸리는 식이다. 주거자들의 공동출자와 같은 형식으로 자본을 마련해 집을 짓거나 세를 구하며, 공동 공간과 개별화된 공간이 한 건축물 안에 공존해 개인 생활과 집단생활의 균형을 유지하는 형태로 운영되는 경우가 많다.[13]

민달팽이 주택협동조합

청년주거 안정화와 보편적 주거 보장, 주거 문제 해결을 위해 만들어졌다. 조합원들의 출자금을 기본으로 주택의 형태는 셰어 하우징에 알맞은 형태로 설계하여 입주자 간의 공동체성을 높인다. 또한 입주한 조합원들의 주거비 부담을 최소화하기 위해서 건설원가에 기반을 두어 임대료를 산출하고, 수선과 운영비용을 제외한 일체의 비용을 최소화한다. 조합은 일정 구좌 이상을 출자한 조합원에게 '입주 조합원'의 자격을 부여하며, 입주 조합원은 신청 순위에 따라서 주택에 입주한다. 입주한 조합원은 계약 기간이 경과하면 무제한으로 계약을 갱신할 수 있다. 국가나 자치구의 지원으로 주거 자원을 발굴하여 조합원에게 우선 입주할 권리는 주는 방식으로 운영할 예정이라고 한다.[14]

부천의 두더지하우스

청년주거협동조합 '모여라 두더지들'이 운영하는 셰어하우스. 2009년 성공회대에서 생긴 노숙 모임 '꿈꾸는 슬리퍼'에서 처음 만난 구성원들 가운데 대학 졸업 후에도 여전히 지역을 떠나지 않은 이들이 2012년에 모여 만든 조합이다. 처음 가입할 때 내는 출자금 30만 원 외에 각자 사는 방의 크기에 따라 매달 18만~26만 원(공과금 포함)을 내는 것으로 주거비를 해결한다. 소사·역곡동 일대에 위치하고 있으며 2013년 10월 1호점이, 2014년 3월, 2호점이 문을 열었다.[15]

보증금은 어떻게 마련했을까? 일단 조합원을 공급자 조합원과 소비자 조합원으로 나누었다. 보증금을 빌려주거나 집을 제공하는 공급자 조합원의 경우 조합으로부터 은행 금리 수준의 이자소득(연 5%)을 얻게 된다. 덕분에 소비자 조합원은 보증금 부담 없이 저렴한 가격으로 양질의 주거 환경을 누릴 수 있게 된다. 가구나 가전제품 등을 공동으로 이용할 수 있으니 이런 데 드는 비용도 절약할 수 있다. 첫 번째 집의 보증금을 빌려줄 공급자 조합원은 서울 남산 해방촌의 '우주살림협동조합 빈고'가 이들에게 대출을 결정하면서 선뜻 구해졌다. 또 2호점의 보증금은 입주자 가운데 한 명이 전에 살던 집의 보증금을 그대로 출자하면서 공급자 겸 소비자 조합원이 됐다.[16]

『역곡 두더지통신』이라는 지역 소식지를 발행하는가 하면 김장파티, 동네 영화제 등 주민들과 어울릴 수 있는 행사도 틈틈이 벌이고 있다.[17]

인천 검안의 우리동네사람들

귀촌을 꿈꾸던 청년 6인이 2011년 터를 잡았다. 현재는 30대 초중반 1인 가구 20여 명이 모여 산다. 빌라 세 채를 공동 자금으로 구입해 2인 1실로 생활한다. 생활비는 능력에 맞게 알아서 낸다. 집 근처에는 작은 텃밭을 꾸렸고, 자동차로 한 시간 거리에 5천 제곱미터 크기 논을 빌려 농사도 짓고 있다. 수확한 쌀은 농사에 참여한 청년들이 골고루 나눠 먹는다.[18]

셰어하우스 우주WOOZOO

오래된 집이나 비어 있는 집을 저렴한 전세나 월세로 빌려 개·보수 한 후 대학생과 사회초년생들에게 저렴한 가격에 재임대 해주는 '셰어하우스' 개념의 프로젝트다. 서울에 위치하며 같은 관심사와 취미를 가진 사람들이 모여 사는 집으로 구로동, 대현동, 돈암동, 서교동 등 현재 18호점이 진행 중이다. 종로구 권농동 '창업을 꿈꾸는 사람들을 위한 집', 미아4동 '여행을 좋아하는 사람들', 제기동 '커피를 좋아하는 사람들' 등 주제는 다양하다. 2인 1실 36만 원부터 1인 1실 52만5천 원까지 가격은 다양하며 보증금은 없다.[19]

부산의 공동체하우스 일오집

대안초등학교를 보내는 부모들이 의기투합해서 만들었다. 2012년 6월 주택협동조합을 결성하고 9세대의 입주자를 모집했다. 부지를 선정할 때부터 구성원들의 욕구와 특성에 맞는 장소를 찾아 결정했으며, 각 구성원들의 집도 각자 다른 구조를 하고 있다.[20]

대구의 내가 그린 우리 집

2014년, 대구의 녹색소비자연대 구성원들이 모여 출발한 주거협동조합으로 현재 4호점까지 문을 열었다. 다양성 존중과 공유 경제 실현을 목표로 한다. 입주자가 되기 위한 특별한 기준은 없고 빈 방이 생기면 페이스북을 통해서 모집한다. 대구는 서울에 비해서 주거난이 심각하지 않기 때문에 지원자가 많지 않아서 금전보다는 가치관이 더 우선순위라고 한다. 1호집

은 채식 공동체였다. 출자금 50만 원 이상을 내야 하고 매달 25만 원의 주
거비를 내며 생활비는 갹출이다. 생활 수칙은 가족회의를 통해 결정한다.
문제가 생기면 얘기하고, 수칙이 필요하다고 구성원들이 동의하면 정한
다. 각 집 간의 네트워크를 어떻게 만들지 고민하고 있다.

부록

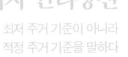

세입자 권리장전

최저 주거 기준이 아니라
적정 주거 기준을 말하다

우리는 돈이 없다. 시간당 최저임금 5,580원(2015년 현재 기준). 매달 내야 하는 집세와 공과금은 벌이의 절반을 요구한다.

살 만한 집이 없다. 세상에 이렇게나 집이 많은데 왜 내 몸뚱이 하나 편히 뉘일 곳이 없을까. 여름엔 한증막 체험을, 겨울엔 에스키모 체험을 해야 하는 옥탑방, 곰팡이와의 동거를 숙명으로 안고 사는 반지하, 매일 밤 이부자리까지 침범하는 해충과 전쟁을 치러야 하는 낡은 집, 곰팡이를 닦으려 벽을 뜯었다가 스티로폼에 벽재를 붙인 가벽을 보고 알게 된 불법 가옥, 있는 돈 없는 돈 탈탈 털어 힘들게 구한 집들은 왜 이 모양인가. 우리는 제대로 살고 싶다.

하지만 정부의 주거 정책은 떠돌이 세입자로 살기 서러우면 빚내서 집 사라는 정책들뿐이다. 빚을 내면 어떻게 될까? 생활비를 줄여 가며 이자를 내고, 원금을 갚기 위해 십여 년간 오로지 집만 보고 달려야 한다. 집값이 오른다고 그 돈이 내 통장에 들어오나? 집은 우리에게 투자 상품이 아니다. 우리는 그저 안정적으로 인간답게 살 수 있는 안식처를 원한다.

우리는 이런 집을 원한다

1. 우리는 더위와 추위를 피해 쉴 수 있는 집을 원한다.
2. 우리는 햇빛이 들고 환기가 되는 집을 원한다.
3. 우리는 이부자리를 깔고도 옴짝달싹할 공간이 있는 집을 원한다.
4. 우리는 결로 걱정 없이 보일러를 틀 수 있는 집을 원한다.
5. 우리는 타인의 시선을 신경 쓰지 않고 창을 열 수 있는 집을 원한다.
6. 우리는 침입자를 두려워할 필요 없는 집을 원한다.
7. 우리는 집밖에서 나는 소리와 집 안에서 나는 소리가 구분되는 집을 원한다.
8. 우리는 곰팡이나 해충과 동거할 필요 없는 집을 원한다.
9. 우리는 부엌과 욕실에서 동시에 물을 쓸 수 있는 수압을 갖춘 집을 원한다.
10. 우리는 하수구 냄새가 없는 집을 원한다.
11. 우리는 자신의 책임을 회피하지 않는 집주인을 원한다.

2014년 10월 6일
세입자 주거권 액션단 HOUSE & PEACE

초보 세입자를 위한
핵심 체크리스트

주택 현황	소재지 주소	
	건물 면적·층수·방향	( )평 ( )층 ( )향
	건축년도(연식)	
	방의 개수와 크기	
	욕실 상태	
	전체 주거 환경 종합	양호 보통 불량
	방음 상태	
	역세권 여부	
	편의 시설	
	지역 개발 유무	
	현 임대가	
주택 내 거주자 현황	거주자 유형	소유자 다른 세입자 ( )세대
	임차인의 보증금·월세 총액	보증금 월세
세입 안전성	근저당액+보증금 총액	주택 매매가의 60% 이상 주택 매매가의 60% 이하
비용	중개 수수료	
	이사 비용	
	전세자금대출	
	전세자금대출 이자	
	기타 비용	
	총 부담 비용	

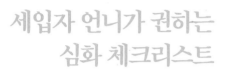

세입자 언니가 권하는
심화 체크리스트 3

조건	고려 사항 및 유의할 점	집의 상태		
		상	중	하
크기	• 낡지만 큰 집을 원하는가? 좁아도 깨끗한 집을 원하는가? 넓더라도 노후한 집일 경우 수리가 필요한 문제가 생길 가능성이 높다. • 가구가 빠져 있는 집이면 더 넓어 보일 수 있다. 자신이 쓸 옷장이나 냉장고, 세탁기 등이 들어갈 수 있는지, 실제 길이를 재서 체크해 보는 것도 좋다. • 크기가 클수록 난방비는 더 많이 든다는 점을 유의하자. • 전용면적과 공용 면적 각 세대가 독립적으로 사용할 수 있는 공간을 전용면적이라 하며 '실면적, 실평수'라고도 한다. 내벽을 기준으로 하기 때문에 발코니는 포함되지 않는다. 복도, 계단 등 공용 공간의 면적까지 포함한 공용 면적과는 차이가 있다. 원룸은 일반적으로 8~18평까지 다양한 크기가 있는데, 10평이라고 할 경우 실평수는 6평 밖에 나오지 않는 경우가 많다.			

	• 다용도실이나 베란다가 있는가? 세탁기를 설치할 공간, 빨래를 건조할 공간이 어느 정도인지 확인한다.
단열	• 거실과 방의 창호 상태를 살핀다. • 창의 유리가 복층 유리인지 확인하자. 복층 유리의 경우 유리 사이의 공기가 보온 역할을 해주어 단열 효과가 우수하다. 창 앞에서 라이터를 켜서 불빛의 상이 4중으로 비치는지 체크하면 확실히 알 수 있다. • 창문이 삐걱거리지 않고 부드럽게 여닫을 수 있는가. 삐걱거린다면 창틀과 창의 아귀가 잘 맞지 않는다는 뜻으로 그 틈으로 바람이 새어 들 수 있다. • 알루미늄, 나무, 하이새시 등 새시의 재질에 따라서도 차이가 많이 난다. • 끼인 집, 예를 들어 5층 건물에 2~4층이고, 양옆에 다른 세대가 있는 중간 집이라면 사방에서 난방을 하기 때문에 난방비가 절약된다. • 노후한 주택이나 베란다가 없는 집일 경우 보일러 설치 년도를 확인해 보자. 대개 보일러의 수명은 5, 6년 정도이므로, 설치 년도를 확인해 교체 시기를 점검하자. • 겨울철 난방비 최고액이 얼마인지 집주인이나 전 세입자에게 넌지시 물어보자.
채광	• 채광은 남향이 가장 좋다. 서향이나 북향은 겨울철에 난방비가 많이 든다. 동향도 채광은 좋지만 아침에 채광이 너무 좋아 오히려 잠을 방해할 수 있다. • 집 방향만큼 중요한 건, 건물의 위치. 남향이라도 정면에 큰 건물이 있거나, 건물 사이에

	있으면 어두울 수 있다. • 저녁이나 비 오는 날에 방문하면 잘 알 수 없으니 낮에 가서 빛이 잘 드는지 확인하자.			
통풍	• 서로 마주보는 창문이 있으면 맞바람이 쳐 환기성이 좋다. • 창 앞에 다른 건물이 너무 가까이 있으면 통풍이 잘 안 된다.			
누수 및 곰팡이	• 곰팡이나 누수가 있는 집은 창틀, 벽면에 얼룩이 생긴다. 창틀 주변의 벽지, 화장실 타일과 모서리, 천장, 장판 아래를 확인하자. • 공기 중에 퀴퀴한 곰팡이 냄새가 나지 않는지 확인한다. • 집 벽에 균열이 있는지 확인하자. 있다면 그 주변 벽지나 주변 창틀·문틀에 곰팡이, 결로 등이 생길 가능성이 있다. • 곰팡이가 검은색인가 회색인가. 회색은 마른 곰팡이이고, 검은색은 젖은 곰팡이이다. 젖은 곰팡이가 발견됐다면 그 곰팡이는 어디선가 지속적으로 수분을 공급받고 있다는 뜻이다. 이렇게 구조적으로 습한 집의 경우 관리를 해도 곰팡이를 없애기 어렵다.			
교통 편의	• 직장이나 학교와의 거리를 살피자. 본인의 생활 패턴을 기준으로 집과 직장의 거리가 어느 정도가 좋은지 결정한다. • 자신의 활동 반경에서 이용할 수 있는 대중교통과 이동 시간을 고려하자. • 자가용이 있는 경우 주차장이 있는지, 아니면 주차비를 따로 내야 하는지 확인한다. • 위와 같은 요소들을 종합해 전체 생활비에서 교통비가 차지하는 부담이 적절한지 살피자.			

생활 편의	· 본인이 일상에서 중요하게 생각하는 생활 편의 시설이 주위에 있는지 살핀다. 집밥을 좋아한다면 시장이나 마트가 있는지, 운동이나 산책을 즐긴다면 공원이나 체육 시설이 있는지 살펴보자.
안전 및 사생활 보호	· 집을 오가는 길이 너무 어둡거나 으슥하지 않은지 살핀다. 집이 큰 도로에서 얼마나 떨어져 있는지도 좋은 기준이 된다. 큰 도로에서 한 블록 정도 안에 위치한 집이 너무 으슥하지도 너무 시끄럽지도 않아 좋다. · 현관문의 재질, 잠금장치를 확인하자. 현관문이 유리를 끼운 문일 경우 현관문 재질로는 안전하지 않다. · 집이 3층 이하인 경우 방충망이나 방범창이 있는지 확인한다. · 건물 밖에서 창문으로 침입할 수 있는 경로, 즉 가스 배관이나 앞집과의 간격을 살펴보자. 꼭대기 층인 경우 옥상에서 창문이나 베란다로 침입할 수 있는 경로가 있는지 확인하자. · 창문에서 옆 건물 안이 얼마나 보이는지 살펴보면 내 방도 얼마나 들여다보일지 알 수 있다. 창문이 옆 건물 창문과 각도가 어긋나 있어야 시선에 덜 노출된다.
방음	· 창과 문을 닫으면 소음이 얼마나 차단되는가? · 벽의 재질이 콘크리트인가, 가벽인가? · 집 주변에 유흥가는 없는가?
수압	· 욕실, 주방 등의 물을 틀어 보고 수압이 어느 정도인지 살피자. · 싱크대와 샤워기 등 두 가지를 동시에 틀어도 수량에 변화가 없는지 살피자.

	• 혼자 집을 보러 가서 동시에 틀어 보는 것이 어렵다면 화장실 수도꼭지를 틀고 동시에 변기도 내려 본다.			
배수 및 악취	• 싱크대나 화장실 바닥의 물 빠짐이 확실한지, 악취는 없는지 확인한다. • 물이 나오지 않는 곳은 없는지, 베란다나 다용도실에 수도꼭지가 연결되어 있는지 확인한다. • 화장실, 싱크대 등 하수구 근처에 갔을 때 퀴퀴한 냄새가 나지 않는지 확인한다. • 쓰레기 처리 방식과 위치를 확인한다. 쓰레기를 버리는 곳에 너무 가까운 곳은 악취와 벌레 등의 문제가 없는지 확인하자.			
해충	• 싱크대 등 집 안 구석구석에 벌레 잡는 패치가 붙어 있는지 살피자.			
기타 시설	• 주방의 붙박이 시설, 즉 싱크대, 후드, 수납장 등에 파손된 곳이 없는지 확인한다. • 욕실의 각종 붙박이 시설, 즉 변기나 샤워기, 거울 등의 파손 여부도 확인한다. • 냉장고나 장롱 등을 가져가야 한다면 천정 높이나 문의 크기 등도 살핀다. • 에어컨 설치 여부와 위치를 확인한다. • 전기와 수도 계량기는 별도로 사용하는지, 관리비는 어떻게 책정하는지 확인한다.			

• 상(+1점) 이 정도면 내 신세에 과분하다
  중(0점) 이 정도면 참을 만하다
  하(-1점) 이렇게까지 살아야 할까?
• 각 항목에 해당하는 집의 상태를 점수화할 때 자신의 취향과 여건에 따라 더 중요한 항목에 가산점을 부여해 보자.

아픈 집을 위한 응급조치법

집을 구했다고 끝이 아니다. 떠돌이 세입자들의 집은 사는 동안 말썽이 많다. 햇볕이 들고, 환기가 되고, 벌레와 심한 외풍을 막아 주고, 안전이 보장되는 집. 안타깝게도 이 최소한의 조건에도 미치지 못하는 열악한 수준의 주택들이 난개발되었기 때문이다. 자신의 우선순위에 따라 선택 아닌 선택을 하고 포기했던 조건들은 결국 포기할 수 없는 조건이라는 것이 드러난다. 하지만 그래도 살아가기 위해 집에 생긴 문제들에 대처할 수 있는 해결책이 무엇인지, 전문가의 조언을 들어보자. 초보 세입자들이 겪는 집의 하자들을 조사해 주택 에너지 전문 컨설턴트 (주)두꺼비 하우징 이경탄 님께 자문을 구한 결과를 바탕으로 재구성되었다.

수압

Q1 세탁기를 돌리면 씻을 수도 설거지를 할 수도 없어요. 한 번에 물 쓰는 일을 두 가지 이상 할 수 없는 거죠. 수압이 낮아서 그렇다는데 방법이 없나요?

A1-1 하수구 물 빠짐은 어떤가요? 사실 화장실 세면대나 하수구는 머리카락 때문에 문제가 생기는 경우가 많습니다. 간단히 이물질을 제거할 수 있는 도구들을 가지고 하수구를 한 번 청소해 보세요. 머리카락만 제거해도 물 빠짐이 나아지는 경우가 굉장히 많으니 꼭 한 번 해보세요.

A1-2 한국수자원공사에 수압 측정을 요청할 수 있습니다. 상수도 시설 기준에 따라 지켜야 하는 배수관 수압 기준이 있거든요. 한국수자원공사에서는 배수관 수압 측정도 무료로 해주고 측정 결과가 그 기준보다 낮으면 수압을 높이는 작업도 무료로 해줍니다.

하지만 이 작업으로 개선할 수 있는 수압은 배수관에서 그 집 계량기까지 오는 수압에 한정됩니다. 집 안의 배관이나 수도꼭지 수압에 문제가 있다면 수자원 공사에서 이 부분까지 지원을 해주지는 않습니다. 다만 한국수자원공사에서 수압을 측정할 때 물을 막았다가 다시 트는 과정이 있는데, 이때 한 번에 물이 빠지면서 배관의 노폐물들이 제거되는 효과가 있어 수압이 조금 나아질 수도 있습니다.

A1-3   집 내부 수압에 대해서는 주인이 고쳐 주지 않는 한 고칠 수 있는
방법이 특별히 없습니다. 수도관을 청소해 볼 수 있지만 비용이
30, 40만 원 정도 듭니다. 반복되는 문제라면 집주인에게 요청하세요.
임시방편으로는 물의 양은 차이가 없지만 물이 나오는 세기를 조절해 주는 절
수 샤워기 교체해 답답함을 덜어 볼 수도 있습니다. 이사 나갈 때, 내 돈 주고
구입한 절수 샤워기도 가져가고 싶다면 기존의 샤워기는 버리지 말고 보관해
두세요.

A1-4   다음 집을 구한다면 수압을 꼭 확인하세요. 수압 문제는 집을 구
할 때 잘 확인하면 피할 수 있습니다. 방음이나 단열처럼 살아보
지 않고는 알 수 없는 문제도 있지만, 수압은 수도꼭지를 동시에 틀면 바로 확
인할 수 있으니까요. 집주인이나 중개인이 귀찮아하더라도 집을 볼 때 그 정
도 확인은 기본이니 시선에 개의치 말고
당당히 확인하세요.

환기 곰팡이와의 동거

Q2 반지하에 살고 있어요. 그래도 창이 있어서 빛은 조금 들어오긴 하는데 문을 열어 놓아도 환기가 잘 안 돼요. 환기를 잘해야 곰팡이가 안 생긴다는데 다른 방법이 없을까요?

A2-1 곰팡이가 생기는 이유는 여러 가지가 있지만 20~40℃의 온도와 60~80%의 습도, 산소가 공급되는 곳에서 활발히 서식합니다. 자주 환기를 시키고 빨래나 요리를 할 때는 문을 열어 두는 생활 습관이 가장 중요합니다. 특히 반지하에서는 여름에도 종종 보일러를 틀어 습기를 없애 주세요.

A2-2 그 외의 조치로 제습기와 환풍기를 설치하는 방법이 있습니다. 하지만 제습기는 기계 발열로 실내 온도가 올라가고 소음이 생긴다는 단점이 있습니다. 더운 여름이라면 냉방기를 동시에 쓰지 않고서는 사용하기 어려울 수 있죠. 환풍기 설치도 요청해 볼 수는 있겠지만 벽에 환풍기를 설치하려면 비용이 많이 드니 유리창 쪽을 뚫어서 설치해야 할 텐데 이는 미관상 집주인이 꺼릴 수도 있습니다. 그리고 환풍기가 있는 쪽으로 바람이 들어오기 때문에 겨울엔 집이 추워진다는 단점이 있습니다.

A 23 다음 집을 구한다면 창문을 열었을 때 앞이 트여 있는지 확인해 보세요. 문을 열어 놔도 환기가 안 된다고 하니 아마도 창이 담장이나 다른 건물로 막혀 있을 가능성이 커 보입니다. 이런 구조는 반지하든 아니든 창이 있어도 제 기능을 못할 수밖에 없습니다. 그러니 집을 구할 때 건물의 위치나 창의 위치를 확인하는 게 중요합니다.

단열과 추위 **창과 벽**

Q 3 창이 커서 빛이 잘 들어와 좋을 줄 알았는데 너무 추워요. 나무창이긴 해도 이중으로 달려 있어 안심했는데, 겨울이 되니까 나무가 뒤틀려 여닫기도 힘들고 틈으로 바람도 새들어 와요. 이미 뽁뽁이도 붙였고 창틀에 스펀지도 붙였는데 추위가 가시질 않아요. 다른 방법은 없을까요?

A 31 창에 바닥까지 끌리는 두꺼운 커튼을 치거나 창 전체에 두꺼운 비닐을 붙이면 효과가 있습니다. 하지만 창을 비닐로 다 덮으면 열 수가 없으니 환기가 안 돼 습기나 곰팡이 같은 다른 문제가 생길 수 있겠죠. 이런 경우를 대비해 전체 창을 덮지 말고 유리에만 비닐을 붙여 보세요. 최근에는 환기가 가능하도록 자석으로 여닫을 수 있게 만든 방풍 비닐도 나왔으니 참고하세요.

비닐을 댈 때는 유리 부분에 뽁뽁이 작업을 하고 그 위에 비닐 작업을 하면 효과가 더 좋습니다. 비용도 저렴하고, 혼자서도 할 수 있습니다. (창틀이 아니라) 유리 가장자리에 미리 양면테이프를 둘러놓고 그 위에 비닐을 붙이면서 모양에 맞게 나머지를 잘라 내는 방법으로 붙이면 어렵지 않습니다.

단, 유리에 단열 작업을 하면 결로가 생겨 물이 맺힐 수 있습니다. 만약 창틀 재질이 나무라면 이 물이 흘러 창틀이 삭는 부작용이 있을 수 있습니다. 그래서 비닐보다 천으로 된 커튼을 선호하기도 하는데요. 결로는 천으로 된 커튼이 덜하지만, 보온 효과 자체는 비닐이 더 좋습니다.

A 32 다음 집을 구한다면, 복층 유리창인지 확인하세요.

나무창이 두 겹이라고 해서 이중창이라고 할 수는 없습니다. 지적하신 대로 나무의 경우 겨울철에 수축과 팽창을 거쳐 모양이 변할 수 있고, 오래된 집의 경우 창틀이 주저앉아 문이 잘 안 열릴 수도 있습니다. 그러니 나무창보다는 하이새시(PVC로 만들어진 하얀색의 창과 창틀)로 되어 있는 집이 좋겠죠. 집을 볼 때 이중으로 창이 달려 있어도 좀 더 단열이 잘되는 창인지 확인하려면 창의 유리가 한 겹인지 복층 유리인지 확인해야 하는데요. 복층 유리는 유리와 유리 사이에 공기층이 있어서 단열 효과가 더 좋습니다. 한 겹의 유리로 된 창이라면 창이 이중으로 달려 있어도 효과가 적습니다. 일단 복층 유리인 것을 확인하고, 이중창인 집을 선택해야 합니다.

저희 집은 아무래도 벽에 구멍이 숭숭 뚫려 있는 게 아닐까 싶어

요. 분명히 문이란 문은 다 닫았는데도 벽에서 바람이 들어와요.

보일러를 틀면 바닥은 따뜻해도 공기가 차서 입김이 보일 정도예요. 이럴 땐

어떻게 해야 하나요?

A41 집의 단열 기능을 확인할 수 있는 방법으로 '열화상 진단 카메라'

가 있습니다. 카메라로 벽을 비춰 보면 부위별로 상대 온도가 나

타납니다. 주변보다 온도가 낮은 경우 파란색으로 나타나는데, 이 부분이 단

열이 되지 않는 것이니 거기에 집중적으로 조취를 취하면 됩니다. 좀 더 전문

적으로 집 전체의 기밀도(일정 압력을 가했을 때 내부의 유체가 외부로 누출되지

않는 정도) 테스트 장비를 사용할 수도 있지만 이 측정기는 엄청 비싸기 때문

에 세입자가 직접 해보기는 힘들겠죠. 그리고 측정 결과가 나와도 이 결과를

근거로 집을 수리해야 한다는 법적 기준과 강제성이 없기 때문에 세입자에게

직접적 도움이 되지는 않습니다.

A42 단열재를 보강하는 방법에는 외부 단열 보강과 내부 단열 보강

이 있습니다. 외부 단열 보강은 건물 전체에 공사를 해야 하기 때

문에 한 세대의 요청으로 공사가 시작되기는 어려울 것입니다. 흔하게는 창문

과 마찬가지로 비닐과 뽁뽁이로 바람이 들어오는 벽을 막거나 책장 등과 같은

큰 가구를 놓아 내부 단열을 보강하는 방법이 있습니다. 그리고 집주인에게

단열 벽지로 교체해 줄 것을 요청해 볼 수 있는데, 안 하는 것보다야 낫겠지만

이 벽지의 효과가 크지는 않습니다. 더러 벽지를 떼지 않고 그 위에 덧발라 단열 효과를 높이려는 노력을 하기도 하는데, 미미한 효과가 있을 수는 있지만 벽지 사이에 곰팡이가 생길 수 있으니 주의해야 합니다.

A43 아무래도 이런 집이 조치를 취하기 제일 어려운 집이라는 생각이 듭니다. 세입자가 응급조치를 하기에는 비용 부담이 크거든요. 새로 짓는 건물에는 건축법상 어느 정도 이상의 단열재를 써야 한다는 기준이 있지만, 오래된 건물의 경우 그 건물이 지어질 당시의 법규로 규제를 받기 때문에 지금의 법규로 강제할 기준이 없습니다. 오래된 주택의 경우 보수 기준이 명확하면 참 좋을 텐데 말이죠.

결국엔 단열이 잘되는 집에 살고 싶다면 오래된 주택을 피하는 수밖에 없습니다. 집을 보러 갔을 때 전 세입자에게 슬쩍 전기 사용량이나 난방비를 물어볼 수 있다면 단열 정도를 대강 짐작할 수 있습니다. 하지만 그걸 물을 수 있는 분위기와 상황이 안 될 수도 있겠죠. 전 세입자가 계약 기간 중간에 이사를 가는 경우라면 다음 세입자가 빨리 구해져야 보증금을 받을 수 있을 테니 아마 사실대로 알려 주기 어려울 것입니다. 하지만 전 세입자가 계약 기간이 만료되어 이사를 나가는 경우라면 다음 세입자가 구해지든 말든 보증금을 돌려받을 수 있는 법적 권리가 보장되니 집에 대해 솔직하게 말해 줄 수도 있을 것입니다.

흔히 말하는 끼인 집, 예를 들어 5층 건물에 2~4층이고, 양옆에 다른 세대가 있는 중간 집의 경우 사방에서 난방을 하기 때문에 난방비가 절약될 수 있습니다. 특히 어린 아이를 키우는 집은 난방을 든든하게 하는 경향이 있으니 그런 집이 이웃이라면 소음은 좀 있겠지만 난방비가 덜 들 수 있습니다.

참고로 오래된 아파트보다 안전하고 깔끔하다는 이유로 오피스텔을 선택하시는 분들도 많은데요. 오피스텔은 오래된 아파트보다 건축법상 단열 기준이 낮습니다. 그러니 난방비가 더 많이 들 수 있다는 걸 고려하시면 좋겠습니다.

보일러와 추위

Q5 겨울에 보일러를 다섯 시간 이상 틀어도 집이 따뜻해지질 않아요. 집주인에게 말해 봐도 고장 난 게 아닌데 무슨 수리를 하냐며 모른 척하는데, 방법이 없을까요?

A51 보일러가 제 기능을 못하면 스트레스가 이만저만이 아니죠. 돈은 돈대로 나가는데 집에서 계속 외투를 입고 살거나 전기장판이 깔린 이불 속에서만 지내게 되니까요. 그런데도 집주인이 모른 척한다면 보일러 효율이 낮다는 증거를 제시하며 수리나 교체를 요청해 볼 수 있습니다. 보일러 효율을 확인하려면 우선 난방비를 점검해 보면 됩니다. 난방에 드는 가스비는 넓이에 따라 다르지만 대략 열 평 내외 원룸의 경우 평균 5만~10만 원 사이여야 문제가 없다고 볼 수 있습니다.

연식으로 효율을 확인하는 방법도 있습니다. 보일러는 10년이 지나면 잔고장도 많아지고 효율이 떨어집니다. 연식은 보일러에 붙어 있는 스티커를 확인해 보면 됩니다. 앞면에 있는 날짜 표시는 보일러의 안전 검사 일자를 적어 놓은 경우일 수 있으니, 제조일자가 있는 스티커를 확인하세요. 수리 날짜가 붙어 있는 경우 그 주기를 확인해서 얼마나 고장이 잦았는지도 확인할 수 있습니다. 또 오래된 집의 경우 배관이 동관일 텐데 최근에는 스테인리스로 된 은색 관(엑셀 파이프)을 사용하니 관의 색상을 통해서도 보일러 설치 시기를 짐작할 수 있습니다.

보일러와 같은 큰 설비의 수리는 집주인이 담당하도록 되어 있지만, 집주인이 계속 모르쇠로 일관할 경우 일종의 타협 전략을 구사해 볼 수도 있습니다.

우선, 앞으로 들어갈 수리비와 교체 비용을 비교해 주인을 설득해 보세요. 보일러가 고장 나면 한 차례 수리비용이 10만 원 이상 들기 마련입니다. 서너 번 수리하다 보면 새 보일러 값이 나오게 되는 거죠. 이런 점을 상기시키며 노후한 보일러는 수리보다 교체가 낫다고 설득해 볼 수 있습니다.

비용 분담을 제안해 보는 것도 방법입니다. 보일러를 교체하며 해당 달의 월세를 인하해 달라거나 계약 기간을 연장해 달라는 등의 협상을 제안해 볼 수 있습니다. 당장 집주인이 써야 하는 돈을 줄여 주는 방식으로 협상을 제안하는 것이죠. 집주인이 말을 바꿀 경우도 있으니, 협상을 한 후에는 협상 내용을 꼭 문서로 기록해 두는 게 좋습니다. 또 세입자가 비용을 들여 수리를 할 경우 영수증을 챙겨 놓는 것이 좋습니다.

다음 집을 구한다면 보일러 연식을 미리 확인하세요.

보일러는 교체 기간이 법으로 정해져 있지 않기 때문에 계약 전에 확인하는 것이 중요합니다. 또 주인이 구두로 교체를 약속했더라도 특약 사항에 교체 시기, 비용 등을 확실히 기입하는 것이 제일 좋습니다.

결로

Q6 신축 건물이라 별 걱정 없이 이사를 했어요. 그런데 보일러를 틀었더니 집에 결로가 생기는 거예요. 대체 문제가 뭔가요? 뭘 해야 하는 거죠?

A6-1 결로는 집 안과 밖이 15도 이상의 온도 차가 생기면 발생합니다. 외부의 온도가 내려가면 외벽의 온도가 내려가죠. 이때 외벽과 내벽 사이에 있는 단열재가 내벽의 온도가 내려가는 것을 막아 주는데요. 단열재가 충분히 사용되지 않으면 내벽의 온도가 쉽게 내려가고, 그 결과 내벽의 온도와 실내 온도 차이가 커져 결로가 생기게 됩니다.

또 내부 습도가 높을 경우 15도보다 낮은 온도 차이에서도 결로가 생길 수 있습니다. 뜨거운 물을 많이 사용하시거나 빨래를 삶는다거나 곰탕을 끓이거나 빨래를 내부에 말리는 등의 활동이 내부 습도를 높일 수 있습니다. 결로는 수리를 해도 잘 해결되지 않을 뿐만 아니라, 단열 공사와 창호 공사가 잘되어 있어도 위와 같은 생활 패턴으로 산다면 결로가 생기기 때문에 습기를 줄이고 환기를 잘하는 생활 습관을 가지는 것이 가장 확실한 해법입니다.

A6-2 신축 건물이라고 다 좋은 건 아닙니다. 예전보다 단열과 방음 등에 대한 건축 기준들이 강화되긴 했지만 결로와 추위를 막을 수 있는 단열 시공이 제대로 안 돼 있는 경우도 많습니다.

사실 결로는 오래된 집일수록 오히려 잘 안 생길 수 있는데, 안타깝게도 안과 밖의 온도 차가 별로 안 나기 때문입니다. 벽에서 바람이 새는 것 같은 낡은 집은 아무리 보일러를 틀어도 집 안 온도가 올라가지 않으니 결로가 생길 일이 없겠죠. 실제 외풍이 심한 오래된 집에 창호 공사를 하면 오히려 창문에 물이 맺히는 등 결로가 생길 수 있습니다. 그래서 단열 공사까지 같이 하는 것을 권장해 드립니다. 결로가 생기면 이후 곰팡이가 필 가능성도 높기 때문에 제대로 된 시공이 참 중요하지만 비용이 많이 듭니다. 보수공사를 하는 경우도 마찬가지죠. 비용을 부담하기 어려운 상황이라면 187쪽 답변 4-2를 참고하셔서 임시로 단열을 보강해 결로를 막는 수밖에 없습니다.

동파

Q7 수도가 얼어서 물이 안 나와요. 겨울엔 물을 졸졸 틀어 놔야 한대서 그렇게 해놨는데도 소용이 없었어요. 집주인은 제가 물을 안 틀어 놔서 그런 것 아니냐며 제 탓을 하구요. 옥신각신하다가 결국 수리 기사를 불렀는데 그 기사 말은 관이 너무 복잡하게 되어 있어서 제가 살고 있는 집 수도관이 어떤 건지 찾을 수가 없다는 거예요. 그래서 마냥 녹기를 기다릴 수밖에 없었어요. 근데 다음 겨울에 또 그러는 거예요! 겨울마다 이런 일이 반복되니 답답합니다. 방법이 없나요?

A 7-1 혹시 원래 수압이 낮았던 집은 아닌가요? 수압이 낮을 경우 동파의 위험도 커질 수 있습니다. 수압이 낮은 집이라면 182쪽 답변 1-2를 참고해 겨울이 오기 전에 수압을 테스트해 보세요.

A 7-2 수도가 어는 것을 방지하려면 겨울에는 반드시 보일러 배관과 수도관을 헌 옷이나 담요 등으로 감싸 줘야 합니다. 열선으로 감아 주는 방법도 있지만 이건 돈이 좀 드는 방법입니다. 수도꼭지에서 냉수와 온수를 약하게 틀어 놓는 것도 중요하고, 수도 계량기의 경우 계량기 보호함을 헌옷으로 채우고 테이프로 밀폐해야 합니다.

A 7-3 수도관이나 보일러 배관이 얼었을 때 수리 기사를 부르지 않아도 해결할 수 있는 방법이 있습니다. 헤어 드라이기 등으로 열을 가해 녹이거나 미지근한 물을 부어 주면 되거든요. 하지만 상황이 동파에 이르렀을 때는 반드시 수리 기사를 불러야 하고 수도 계량기도 교체해야 합니다.

해충

Q 8 집에 바퀴벌레가 정말 많아요. 건물 안이 바퀴벌레로 가득 찬 것 같은 기분이에요. 주택이라 벌레는 어느 정도 각오했지만 이건 좀 심한 거 같아요. 집에 있는 틈을 일일이 찾아서 막아야 하는 건가요? 집주

인이 해줘야 하는 거 아닌가요? 제일 효과가 좋은 방법이 궁금합니다.

A 81   벌레 서식지는 의외로 집 안 가까운 곳에 있는 경우가 많습니다. 혹시 내가 벌레를 키우고 있는 것은 아닌지, 싱크대 아래 같은 숨은 공간을 살피며 청결 상태를 확인해 보세요.

A 82   벽과 실내 사이에 마감 공사가 잘 안 되어 있으면 그 틈이 벌레의 통로가 되기도 합니다. 따라서 이런 경우 도배를 다시 하거나 집 안 곳곳에 있는 틈을 찾아 실리콘으로 막는 방법이 있습니다.
이 경우 업체를 이용하면 출장비가 비쌉니다. 대신 깔끔하게 마감이 되긴 하죠(특히 유리 공사를 하시는 분들이 실리콘을 제일 잘 바르십니다). 만약 깔끔한 마감에 대해 마음을 좀 비울 수 있다면 직접 해볼 것을 추천합니다. 그렇게 어렵지 않거든요. 실리콘, 실리콘 건, 밀대 등 모든 재료비용을 합쳐도 1만 원 내로 해결할 수 있습니다.

요즘 튜브형 실리콘이 나오긴 했지만 그보다는 투박한 기본 실리콘 분사기를 추천합니다. 실리콘의 종류에는 여러 가지가 있지만 내부에 쓸 경우에는 곰팡이가 조금 덜 생긴다는 바이오 실리콘을, 외부에 쓸 경우 창호 등에 사용하는

외부용 실리콘을 추천합니다. 실리콘 중에 투명 실리콘이 있는데, 벌레 때문이라면 마음의 안정을 위해 흰색을 추천합니다.

A 8-3 하수구는 벌레가 드나드는 통로로 쉽게 이용되곤 합니다. 그래서 싱크대나 욕실 바닥의 하수구를 스테인리스 재질의 구멍 뚫린 덮개로 마감을 하는 것이죠. 하지만 세탁기 배수구는 이런 마감을 하지 않고 구멍만 뻥 뚫려 있는 경우도 있습니다. 세탁기 배수구를 확인해 보고 마감이 되어 있지 않으면 맞는 덮개를 사서 끼우는 것도 도움이 됩니다.

방음

Q 9 옆집에서 나는 소리가 거의 제 방에서 나는 소리처럼 생생하게 들려요. 경험 많은 친구가 와서 벽을 두들겨 보더니 가벽인 것 같다고 하더라고요. 방음이 조금이라도 잘되게 하는 방법은 뭐가 있나요?

A 9-1 집 안에서 늘 귀마개와 헤드폰을 착용하고 계신다는 분이 생각나네요. 다른 집에서 나는 소리 때문에 사적인 공간을 침범당하는 것은 참 불쾌한 일입니다. 옆집 사람의 방귀 소리, 전화 통화 내용, TV 소리 등을 공유한다는 것도 참 피곤하고요. 또 내 소리도 그렇게 들릴 수 있다는 생각에 집 안인데도 행동을 조심하게 되죠.

집 내부 공간을 분리해 사용하기 위해 가벽을 만드는 경우가 있긴 하지만, 이런 사례처럼 세대 사이를 가벽으로 하는 경우는 불법입니다. 대부분 가벽은 한 집을 두 개로 나누어 세를 놓기 위해 집주인들이 쓰는 꼼수입니다. 두 집으로 나누면 월세를 더 많이 받을 수 있으니 불법인데도 가벽을 세우는 경우가 많죠. 옆집과 연결된 벽을 두드려 봤을 때 텅 빈 듯한 가벼운 소리가 나고 옆집의 소리가 유난히 잘 들린다면 의심해 볼 필요가 있습니다.

이럴 땐 등기부등본이나 건축물대장을 확인해 보면 불법 건축물인지 확인할 수 있습니다. 문서상의 면적과 실제 내가 살고 있는 공간의 면적이 크게 차이가 난다면 불법 개조를 의심해 봐야 합니다. 이런 집은 피하는 게 상책이지만

모르고 입주했을 때는 증거 사진을 찍어 관할 건축과에 신고할 수 있습니다 (물론 집주인이 법적 조치를 당하면 세입자가 방을 빼줘야 하는 사태가 생길 수도 있습니다).

A9-2 그 집에서 계속 살아야 한다면 집주인에게 수리를 요청하세요. 다른 수리 요청과는 다르게 집주인이 불법행위를 한 것이라 벌금이 상당하기 때문에 수리를 해줄 가능성이 높습니다.

가벽으로 나눠진 집에 살지 않더라도 소음 때문에 골치를 겪는 분들을 위해 방음 공사에 대해 살짝 알려드리겠습니다. 방음을 위한 조치에는 차음과 흡음이 있는데, 차음은 소리를 막는 것으로 딱딱한 자재로 하는 공사이고, 흡음은 소리를 흡수하는 것으로 부드러운 자재로 하는 공사라고 생각하시면 됩니다. 방음 효과를 보려면 차음과 흡음 공사를 함께 진행해야 합니다. 하지만 보통 비용 때문에 둘 다 하지 않고 차음 공사 하나만 하는 경우가 많습니다. 그러면 흡음이 안 되기 때문에 집 안에서 소리가 웅웅 울려 피로감을 느끼게 됩니다. 또 방음 공사를 하게 되면 내부 면적이 약간은 줄어든다는 것을 감안해야 합니다.

방음 자재를 사서 직접 벽에 붙일 수도 있지만 방음재를 사는 데 비용이 꽤 들기 때문에 이는 권해 드리고 싶지 않네요.

악취

Q 10 배수구에서 자꾸 악취가 나요. 매일 베이킹 소다를 부으며 하루를 마감하는데, 며칠 안 부으면 냄새가 또 올라옵니다. 계속 이렇게 살아야 하는 건가요? 싱크대, 화장실 모두 깨끗이 청소했는데도 이런데 어떻게 해야 하나요?

A 10-1 냄새의 근원지를 찾아 청소해 보세요. 냄새가 나는 배수구에 락스를 붓거나, 배수구 망을 꺼내 깨끗이 씻거나 새 것으로 교체해 보세요.

A 10-2 싱크대나 세면대의 경우라면 아래에 있는 관 상태를 확인해 보는 것도 도움이 됩니다. 관 모양이 1자라면 냄새가 심할 수도 있습니다. 악취를 막는 데에는 U자나 S자관이 좋은데, 관의 꺾인 부분에 물이 차 있어서 관을 통해 해충이나 악취가 올라오는 것을 막아 주기 때문입니다. 이것을 '봉수'라고 합니다. 이런 원리 때문에 세면대를 너무 안 써도 관에 물이 말라 악취가 나곤 하죠. 싱크대나 세면대 아래 관이 1자 관이라면 U자나 S자관으로 바꿔 보세요. 단, U자나 S자관의 경우 1자관보다 물이 천천히 빠집니다.
욕실 바닥의 배수구에는 냄새 역류 장치인 트랩을 설치하는 방법이 있습니다. 트랩은 3~5천 원 정도로 욕실 바닥 배수구의 철망을 열고 끼우면 간단히 설치할 수 있습니다. 만약 이미 설치되어 있는 트랩이 플라스틱이라면 냄새가 잘

잡히는 스테인리스 재질로 바꾸는 것도 좋습니다.

A 10-3 그래도 악취가 사라지지 않는다면 정화조 냄새나 하수관 노후로 인한 악취를 의심해 볼 수 있습니다.

정화조 냄새라면 변기 트랩을 설치하거나 교체하는 방법 혹은 정화조를 청소하는 방법이 있습니다. 하수관 노후가 문제라면 하수도 악취 공사를 하면 냄새의 근원이 제거됩니다. 정화조 청소는 원래 정기적으로 해야 하는 것이니 집주인에게 시기를 좀 당겨 달라고 요청해 보세요. 하수도 악취 공사의 경우 대부분이 10만~50만 원 미만입니다. 인터넷 검색을 통해 무료로 견적을 내주는 업체를 통해 견적을 받으시고 공사를 진행할 수 있습니다.

집주인에게 공사를 강제할 수는 없는 노릇이지만 191쪽 답변 5-2에서 말씀드린 것처럼 돈을 반반씩 분담해 공사를 할 수도 있겠죠. (이 경우 집의 계약 기간을 연장하거나 공사가 있는 달의 월세를 깎아 달라는 협상을 꼭 같이 시도하셔야 덜 억울할 것 같습니다.)

누수

Q 11 여름에 벽을 타고 물이 흘러내렸어요. 이 물은 어디서 온 것일까요?

물이 외부에서 온 것인지 윗집에서 온 것인지는 물이 흘러나오는 위치만 가지고는 알 수가 없습니다. 물이 샌 근원지가 내부 벽인지, 외부 벽인지, 아니면 보일러관이 터져서 발생한 문제인지 등을 확인해야 합니다. 하지만 건물 자체의 하자로 인한 누수는 명백히 집주인 책임입니다. 주택임대차보호법에서 보장하는 수리 항목이니 너무 고민하지 마시고 집주인에게 공사를 요청하세요. 혹시 누수의 원인이 윗집에 있다면 그 집에 공사를 요구할 수 있습니다. 공사를 요청하기 전에 누수로 인해 피해를 본 증거 자료(망가진 가전제품이나 물이 떨어지는 모습, 물 때문에 색이 변한 벽지 등의 사진)를 모아 협의하면 좀 유리할 수 있겠죠.

지금 사는 집이 지은 지 28년 정도 됐어요. 어느 날 벽지에 기포가 생겨서 터트려 보니 물이 주룩 나오는 거예요. 여기저기 살펴보다가 건물에 가로세로 할 것 없이 잔뜩 금이 가 있는 걸 보게 됐어요. 너무 심란해져서 이것저것 찾아봤는데 옥상에 방수 페인트 같은 걸 칠하면 된다던데 효과가 있나요? 제가 제일 위층이라 옥상이랑 연결되어 있거든요.

집에 생긴 누수는 물이 새는 이유에 따라 해결 방법이 다릅니다. 누수 문제가 '옥상의 어떤 문제' 때문이라면 옥상에 직접 방수 페인트를 칠해서 문제가 해결될 수도 있지만 그건 복불복입니다. 정확한 원인을 찾기 위해서는 집에 대한 정보가 더 필요합니다. 기포가 생긴 위치가 어디였는지 궁금하네요. 물이 천장에서 새서 벽을 타고 내려온 걸 수도 있고, 벽에 누수가 있을 수도 있습니다. 누수 양상은 다양하거든요.

A 12-2 거의 30년이 다 된 오래된 집이고 건물에 금이 가있다면 안전도 검사를 해볼 필요가 있습니다. 하지만 이는 국가기관에 무료로 신청할 수 있는 게 아니라 건축사무소 등에 300만 원 정도의 비용(보수 공사 비용과는 별개)을 지불해야 한답니다. 공사 비용도 아니고 단순 검사비가 이 정도이기 때문에 세입자가 감당할 수 있는 금액은 아닙니다. 아파트의 경우는 한 건물의 세대수가 많아서 건물 자체를 일반 주택과 빌라보다 더 잘 짓는데, 이는 문제가 생길 경우 건설사와 건물주에게 타격이 크기 때문입니다. 아파트의 경우 집단소송을 할 수도 있고요. 하지만 많지 않은 세대수의 건물에서 이런 문제가 생겼을 경우 현실적으로 세입자가 할 수 있는 게 없습니다. 세로형 금보다 더 위험한 가로형 금까지 있다고 하니 검사 결과가 안전하지 않다고 나올 가능성이 커 보이네요. 그만큼 간단한 보수공사로 해결될 문제가 아니니 집주인은 모르쇠로 일관할 가능성도 크고요. 누수뿐만 아니라 낙후된 건물이 가지는 위험도가 크기 때문에 서둘러 이사하시기를 권합니다.

참고한 글

1 "싱글족 500만 시대, 20대는 집 걱정, 60대는 돈 걱정"(『경향 비즈 라이프』 2015/08/16).

2 정민우, 2013, "청년 세대 독립생활자의 집은?", 『99%를 위한 주거: 더 나은 건축을 위한 상상과 제언』(북노마드), 97쪽

3 "20대 주거난민, 거긴 '닭장'이었다"(『머니위크』, 2015/06/29).

4 경제정의실천시민연합, "세계 주요도시의 주택가격 비교분석 보고서"(2014/10/01).

5 유엔, 경제적·사회적·문화적 권리에 관한 국제규약(ICESCR)

6 최연미, 2012, 『서른셋 싱글 내 집 마련』(리더스북), 174쪽 참조.

7 서울특별시, 2014, 『주택임대차 실제 상담 사례집』, 45쪽 참조.

8 최연미, 2012, 『서른셋 싱글 내 집 마련』(리더스북), 39쪽 참조.

9 최연미, 2012, 『서른셋 싱글 내 집 마련』(리더스북), 84쪽 참조.

10 통계청, "2014 연간 국내인구이동통계".

11 사카구치 교헤 외, 2013, 『99%를 위한 주거: 더 나은 건축을 위한 상상과 제언』(북노마드), 6-7쪽.

12 정민우, 2013, "청년 세대 독립생활자의 집은?", 『99%를 위한 주거: 더 나은 건축을 위한 상상과 제언』(북노마드), 98쪽 참조.

13 사카구치 교헤 외, 2013, 『99%를 위한 주거: 더 나은 건축을 위한 상상과 제언』(북노마드), 102쪽.

14 minsnailunion.tistory.com(검색일: 2015/11/03).

15 "내 집 마련 어려워? 그럼 우리 집 만들자"(『시사인』 2014/03/19).

16 "삶의 질 높여줄 '우리의 집'을 구상하다"(『생협평론』 15호)

17 "행복한 개인들의 연대"(『경기일보』 2015/02/06).

18 "행복한 개인들의 연대"(『경기일보』 2015/02/06).

19 김정헌·계현철·이정호·조성신·박형수, 2014, 『같이의 가치를 짓다: 청년 스타트업 우주의 한국형 셰어하우스 창업 이야기』, 유유.

20 cafe.daum.net/15zip(검색일: 2015/11/03).

후마니타스의 책 । 발간순

정치적인 것의 귀환 | 샹탈 무페 지음, 이보경 옮김

정치와 비전 1, 2, 3 | 셸던 월린 지음, 강정인 외 옮김

법률사무소 김앤장 | 임종인·장화식 지음

여성·노동·가족 | 루이스 틸리·조앤 스콧 지음, 김영·박기남·장경선 옮김

민주 노조 운동 20년 | 조돈문·이수봉 지음

소수자와 한국 사회 | 박경태 지음

평등해야 건강하다 | 리처드 윌킨슨 지음, 김홍수영 옮김

민주화 20년, 지식인의 죽음 | 경향신문 특별취재팀 지음

한국의 노동체제와 사회적 합의 | 노중기 지음

한국 사회, 삼성을 묻는다 | 조돈문·이병천·송원근 엮음

국민국가의 정치학 | 홍태영 지음

아시아로 간 삼성 | 장대업 엮음, 강은지·손민정·문연진 옮김

우리의 소박한 꿈을 응원해 줘 | 권성현·김순천·진재연 엮음

국제관계학 비판 | 구갑우 지음

부동산 계급사회 | 손낙구 지음

부동산 신화는 없다 | 전강수·남기업·이태경·김수현 지음, 토지+자유연구소 기획

양극화 시대의 한국경제 | 유태환·박종현·김성희·이상호 지음

절반의 인민주권 | E. E. 샤츠슈나이더 지음, 현재호·박수형 옮김

민주주의와 법의 지배 | 아담 쉐보르스키·호세 마리아 마리발 외 지음, 안규남·송호창 외 옮김

박정희 정부의 선택 | 기미야 다다시 지음

와이키키 브라더스를 위하여 | 이대근 지음

존 메이너드 케인스 | 로버트 스키델스키 지음, 고세훈 옮김

시장체제 | 찰스 린드블롬 지음, 한상석 옮김

권력의 병리학 | 폴 파머 지음, 김주연·리병도 옮김

팔레스타인 현대사 | 일란 파페 지음, 유강은 옮김

자본주의 이해하기 | 새뮤얼 보울스·리처드 에드워즈·프랭크 루스벨트 지음,
    최정규·최민식·이강국 옮김

위기의 부동산 | 이정전·김윤상·이정우 외 지음

암흑의 대륙 | 마크 마조워 지음, 김준형 옮김

부러진 화살(개정판) | 서형 지음

냉전의 추억 | 김연철 지음

복지한국, 미래는 있는가(개정판) | 고세훈 지음

워킹 푸어, 빈곤의 경계에서 말하다 | 데이비드 K. 쉬플러 지음, 나일등 옮김

한국 진보정당 운동사 | 조현연 지음

근대성의 역설 | 헨리 임·곽준혁 엮음

브라질에서 진보의 길을 묻는다 | 조돈문 지음

동원된 근대화 | 조희연 지음

뚱뚱해서 죄송합니까? | 한국여성민우회 지음

배 만들기, 나라 만들기 | 남화숙 지음, 남관숙·남화숙 옮김

저주받으리라, 너희 법률가들이여! | 프레드 로델 지음, 이승훈 옮김

케인스 혁명 다시 읽기 | 하이먼 민스키 지음, 신희영 옮김

기업가의 방문 | 노영수 지음

니콜로 마키아벨리 군주론 | 니콜로 마키아벨리 지음, 박상훈 옮김

그의 슬픔과 기쁨 | 정혜윤 지음

신자유주의와 권력 | 사토 요시유키 지음, 김상운 옮김

코끼리 쉽게 옮기기 | 김영순 지음

사람들은 어떻게 광장에 모이는 것일까? | 마이클 S. 최 지음, 허석재 옮김

감시사회로의 유혹 | 데이비드 라이언 지음, 이광조 옮김

신자유주의의 위기 | 제라르 뒤메닐·도미니크 레비 지음, 김덕민 옮김

젠더와 발전의 정치경제 | 시린 M. 라이 지음, 이진옥 옮김

나는 라말라를 보았다 | 무리드 바르구티 지음, 구정은 옮김

가면권력 | 한성훈 지음

반성된 미래 | 참여연대 기획, 김균 엮음

선택이라는 이데올로기 | 레나타 살레츨 지음, 박광호 옮김

세계화 시대의 역행? 자유주의에서 사회협약의 정치로 | 권형기 지음

위기의 삼성과 한국 사회의 선택 | 조돈문·이병천·송원근·이창곤 엮음

말라리아의 씨앗 | 로버트 데소비츠 지음, 정준호 옮김

허위 자백과 오판 | 리처드 A. 레오 지음, 조용환 옮김

민주 정부 10년, 무엇을 남겼나 | 참여사회연구소 기획, 이병천·신진욱 엮음

민주주의의 수수께끼 | 존 던 지음, 강철웅·문지영 옮김

왜 사회에는 이견이 필요한가 | 카스 R. 선스타인 지음, 박지우·송호창 옮김

관저의 100시간 | 기무라 히데아키 지음, 정문주 옮김

우리 균도 | 이진섭 지음

판문점 체제의 기원 | 김학재 지음

불안들 | 레나타 살레츨 지음, 박광호 옮김

스물다섯 청춘의 워킹홀리데이 분투기 | 정진아 지음, 정인선 그림

민중 만들기 | 이남희 지음, 유리·이경희 옮김

불평등 한국, 복지국가를 꿈꾸다 | 이정우·이창곤 외 지음

알린스키, 변화의 정치학 | 조성주 지음

유월의 아버지 | 송기역 지음

정당의 발견 | 박상훈 지음

비정규 사회 | 김혜진 지음

출산, 그 놀라운 역사 | 티나 캐시디 지음 | 최세문, 정윤선, 주지수, 최영은, 가문희 옮김

내가 살 집은 어디에 있을까? | 한국여성민우회 지음